人才测评

发掘高潜人才，实现精准赋能

吴 悦 张 洪 ◎编著

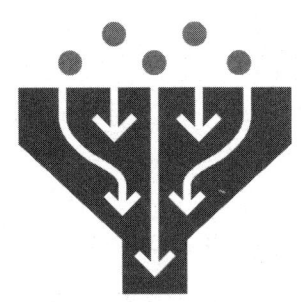

中国铁道出版社有限公司
CHINA RAILWAY PUBLISHING HOUSE CO., LTD.

北 京

图书在版编目（CIP）数据

人才测评：发掘高潜人才，实现精准赋能 / 吴悦，张洪编著. -- 北京：中国铁道出版社有限公司，2024.9. -- ISBN 978-7-113-31384-5

Ⅰ．C962

中国国家版本馆CIP数据核字第2024BY0865号

书　　名：人才测评：发掘高潜人才，实现精准赋能
　　　　　RENCAI CEPING: FAJUE GAOQIAN RENCAI, SHIXIAN JINGZHUN FUNENG
作　　者：吴　悦　张　洪

责任编辑：王　宏　　　编辑部电话：(010) 51873038　　　电子邮箱：17037112@qq.com
封面设计：宿　萌
责任校对：刘　畅
责任印制：赵星辰

出版发行：中国铁道出版社有限公司（100054，北京市西城区右安门西街8号）
印　　刷：三河市宏盛印务有限公司
版　　次：2024年9月第1版　2024年9月第1次印刷
开　　本：710 mm×1 000 mm　1/16　印张：13.75　字数：190千
书　　号：ISBN 978-7-113-31384-5
定　　价：69.80元

版权所有　侵权必究

凡购买铁道版图书，如有印制质量问题，请与本社读者服务部联系调换。电话：(010) 51873174
打击盗版举报电话：(010) 63549461

前言

在如今竞争激烈的商业环境中,人才是企业最宝贵的资源。如何精准地识别、培养和管理人才,已成为企业成功的关键。人才测评作为一种科学的人力资源管理工具,在现代企业管理中扮演着越来越重要的角色。它不仅是一种工具,更是一种战略,帮助企业发掘、培养和保留人才,从而提升企业的核心竞争力。

简单而言,人才测评是指通过一系列标准化的测试和评估方法,对个人的能力、性格、动机和潜力等进行系统的测量和评价。它不仅能帮助企业在招聘过程中筛选合适的候选人,还能助力企业在培训、晋升等多个环节中做出更加科学和合理的决策。

在招聘初期,通过人才测评可以识别与岗位需求最匹配的人才,确保招聘到的员工能够快速适应并提升工作效率,同时还可以预测员工在实际工作中的表现,为人才的培养和使用提供科学依据;在工作中期,人才测评可以作为诊断工具,帮助企业发现员工在发展过程中的问题和不足,为改进和提升提供方向;在成长后期,企业还可以通过测评发现员工的潜在能力,为其制订个性化的发展计划,激发其最大潜力。而测评的结果可以作为激励员工的依据,通过正向反馈促进员工自我提升和行为改进。

因此作为企业和相关人力资源管理者,应充分认识到人才测评的重要性,并采取有效措施,将其融入人力资源管理的各个方面。通过有效的人才测评,帮助企业构建一个充满活力、高效和创新的工作环境,为实现长期成功奠定坚实的基础。

为此，我们编著了此书，帮助读者从基础开始了解人才测评。

全书共六章，可划分为三部分。

第一部分为第1～2章，这部分主要讲述的是人才测评的基础，包括人才测评的意义、作用、种类、功能、特点和运作原理等。除此之外，还介绍了人才测评常见的误区和面临的问题，人才测评的一般流程，测评试题的编制和应用，以及人才测评指标体系的建立。

第二部分为第3～4章，这部分主要对各种常见的人才测评方法与技术进行了细致的讲解，包括情景测评、胜任素质模型、笔试、面试、人格心理测评，以及其他需要了解的人才测评方式。

第三部分为第5～6章，这部分更偏向于实战应用，帮助读者了解针对不同的岗位和员工要如何进行人才测评，人才测评的测评题目形式如何，常见的测评方式应该怎样实操等。

本书的特点在于理论涵盖广泛、实例丰富、图文并茂。理论与案例的结合能够更好地帮助相关人员理解，为日后的人才测评实践打下更加牢固的基础。

最后，希望所有读者都能通过对本书的学习，完善人力资源工作，加强人力资源管理，实现对人才的深度挖掘和精准赋能。

编　者
2024年5月

第1章 初步掌握：人才测评的基本认知

1.1 什么是人才测评ㅤ2
1.1.1 人才测评的概念与意义ㅤ2
1.1.2 人才测评需要遵循的原则ㅤ5
1.1.3 人才测评的主要作用ㅤ7
1.1.4 人才测评的种类ㅤ7

1.2 人才测评的原理ㅤ10
1.2.1 人才测评的理论基础ㅤ10
1.2.2 人才测评的信度与效度ㅤ15

1.3 人才测评的功能和特点ㅤ19
1.3.1 人才测评五大功能ㅤ19
1.3.2 人才测评四大特点ㅤ21
ㅤㅤ**实用范例** 职场心理测评题目（节选）ㅤ21
ㅤㅤ**实用范例** 间接测量题目ㅤ23

1.4 人才测评存在的误区及问题ㅤ24
1.4.1 人才测评时不能忽视的误区ㅤ25
ㅤㅤ**实用范例** 人才测评面试中的开放性问题ㅤ26

> **实用范例** 录用文秘岗位时的模拟测验 28
> **实用范例** 商业银行员工面试流程 30

  1.4.2 人才测评面临的问题 31

第 2 章 熟悉流程：测评题目的设计与体系建立

2.1 人才测评的一般流程 34

  2.1.1 确定测评对象与目的 35
  2.1.2 选择测评方法 36
  2.1.3 制定测评方案 38
> **实用范例** ××公司人才测评方案（节选） 38

  2.1.4 开始实施测评 40
  2.1.5 测评报告的撰写 42
> **实用范例** ××公司人才测评报告模板（节选） 44
> **实用范例** 人才测评报告中的素质基本分析 48
> **实用范例** 李××的测评报告中给出的综合建议 49

2.2 编制人才测评题目的步骤 51

  2.2.1 确定测评题目类型 52
> **实用范例** 显示性测评题目 52
> **实用范例** 预测性测评题目 55

  2.2.2 制订编题计划 55
  2.2.3 开始编制题目 57
  2.2.4 对测验的鉴定与说明书编写 60
> **实用范例** ××公司人才测评指导手册（节选） 62

2.3 建立人才测评指标体系 64

  2.3.1 人才测评指标体系概述 64
  2.3.2 测评的要素与标准 65

- 2.3.3 人才测评指标体系建立流程 67
- 2.3.4 确定测评指标的方法 69
- 2.3.5 测评指标的权重 70

第3章 确定方案：选择恰当的测评方法

3.1 情景性综合测评方法 75
- 3.1.1 情景判断测验 75
  - **实用范例** 可供选择的情景判断测验题目 75
  - **实用范例** 录音方式的情景判断测验题目 76
- 3.1.2 角色扮演测评 78
  - **实用范例** 经理岗位的角色扮演方案 78
  - **实用范例** 问题解决类角色扮演方案 80
  - **实用范例** 突发事件应变类角色扮演方案 81
- 3.1.3 无领导小组讨论测评 82
  - **实用范例** 情景类无领导小组讨论方案 83
  - **实用范例** 目的类无领导小组讨论方案 85
  - **实用范例** 操作型无领导小组讨论方案 87
- 3.1.4 公文筐测评 90

3.2 其他人才测评方法 94
- 3.2.1 绩效考核测评 94
  - **实用范例** 360度反馈考核问卷 96
- 3.2.2 动机测评 106
  - **实用范例** 工作动机测评（节选） 107
- 3.2.3 兴趣测评 109
  - **实用范例** 兴趣测评题目（节选） 110
- 3.2.4 价值观测评 111
  - **实用范例** 职业价值观测评题目（节选） 112

3.3 对人才测评方法的选择 112
3.3.1 选择测评方法的依据 113
3.3.2 选择测评方法的原则和注意事项 114

第4章 落地实施：模型构建与技术解析

4.1 岗位胜任力测评模型构建 117
4.1.1 胜任素质模型的概念与特点 117
4.1.2 胜任素质模型的维度和组成要素 118
4.1.3 通过何种方式构建胜任素质模型 120
实用范例 行为事件访谈示例 122
4.1.4 胜任素质模型的构建过程 123
4.1.5 模型构建完成后的应用 126
实用范例 ××公司胜任素质模型手册目录（节选） 128

4.2 笔试测评技术 129
4.2.1 笔试测评的题型及考核内容 129
实用范例 典型的客观题型 130
实用范例 典型的主观题型 131
4.2.2 笔试测评的方法有哪些 132
4.2.3 笔试测评的实施流程 133

4.3 面试测评技术 134
4.3.1 面试测评的特点与形式 135
4.3.2 面试题目的类型与内容 137
实用范例 典型的面试题型 138
4.3.3 面试过程中的技巧与注意事项 140

4.4 人格心理测评技术 143
4.4.1 人格测评的概念及技术 143
4.4.2 问卷法的种类及应用 146
实用范例 自陈式人格测验量表（节选） 147
4.4.3 心理测评的种类和量表 148

第 5 章　实战指导：各类人员素质测评

5.1 生产技术人员素质测评 151
5.1.1 确定生产技术人员的工作职责 151
实用范例 ××企业制定的生产人员和技术人员工作职责 151
实用范例 不同行业对生产技术人员工作职责的要求 152
5.1.2 明确素质测评要素 153
5.1.3 测评方法及实施案例 156
实用范例 ××化工品企业生产技术人员素质测评方案（节选） 158

5.2 营销人员素质测评 160
5.2.1 建立营销人员胜任素质模型 160
5.2.2 测评方法与测评题目展示 164
实用范例 营销人员素质测评方法与题目（节选） 164
5.2.3 制定素质测评方案 166
实用范例 营销人员素质测评方案（节选） 167

5.3 财务人员素质测评 168
5.3.1 财务人员素质测评原则和项目 168
实用范例 财务人员素质测评项目 172
5.3.2 建立素质测评体系 175

第 6 章　实操应用：各种能力素质测评

6.1 智力测评 179
6.1.1 智力水平测评方法 180
实用范例 瑞文标准智力测验（节选） 181
6.1.2 常见的智力量表 185
实用范例 韦氏成人智力量表（节选） 186
实用范例 斯坦福 - 比奈智力量表（节选） 188

6.2 管理能力测评 189
6.2.1 管理能力包含的维度 189
实用范例 ×× 公司高级管理岗位职责 189
实用范例 ×× 公司普通管理岗位职责 190
6.2.2 有关管理者的胜任素质模型 193
实用范例 ×× 控股集团管理者胜任素质模型手册 193

6.3 领导能力测评 195
6.3.1 领导力的不同类型 196
6.3.2 领导能力的测评方式 199
实用范例 评价中心情景模拟测评工具 200

6.4 其他有关职业能力的测评 201
6.4.1 语言理解与表达能力测评 201
实用范例 语言理解与表达能力测评题目展示 201
6.4.2 逻辑推理能力测评 203
实用范例 逻辑推理能力测评题目展示 204
6.4.3 数据处理与分析能力测评 205
实用范例 数据处理与分析能力测评题目展示 205
6.4.4 创新能力测评 207
实用范例 创造性人格自测表（节选） 207

第1章

初步掌握：人才测评的基本认知

对于大多数企业来说，招聘和选拔人才是一项日常工作，尤其是大中型企业，对各方面人才的需求都是长期存在的。那么，如何在众多应聘者或在岗人员中选拔出优秀的人才，就成了这项工作的重中之重。为解决这一问题，人才测评技术出现了，它是人才选拔的重要工具，企业管理者和相关部门人员都有必要对人才测评技术进行深入学习。本章就从基础开始讲起，为读者详细阐述这一技术。

1.1 什么是人才测评

人才测评是一种量化个人价值的有效工具，目前已经被广泛应用于各个领域。不仅是企业在开展人事工作时会借鉴、引用人才测评技术，就连管理层提拔干部、部门选拔经理，都会运用人才测评技术，由此可见该技术对人员录用及选拔工作的重要性。

因此，对于企业管理人员和人事工作者来说，认识和熟悉人才测评技术很有必要。同时，即便是不涉及这项工作的人员，也可以参考人才测评技术中的一些要求，查看日常工作是否达标。

1.1.1 人才测评的概念与意义

人才测评技术从本质上看，是通过一系列科学的方法，对个人的基本素质及其绩效进行测量和评定的活动。如果想更为深入地了解人才测评技术，可以通过图1-1来看。

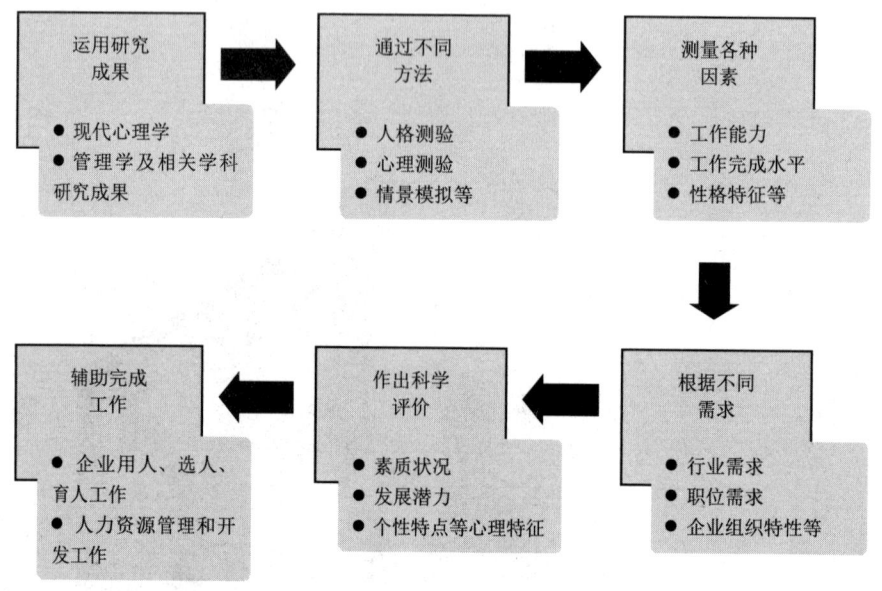

图1-1 人才测评技术分析

注意，人才测评与一般的绩效考核不同，只针对某一特定的方面进行测评，它其实是一个测评系统，其中包含了从人格测验到素质测验等多方面内容，目的在于多维度、多因素考量，并尽量摒除干扰项，将个体内在的素质和能够产生的效益从抽象转为具象，实现个人价值的量化分析。

从人才测评技术的名称就可以看出，该技术主要分为人才测量和人才评价。其中，人才测量是人才测评的首要工作，大部分人才测评的方法都围绕这部分内容展开。而人才评价同样不可忽视，它是将抽象内容转为具象数据的桥梁，许多人才测评方法中都有对应的评价体系，只有通过这一项工作的转化，才能得出最终的结论。

可以看出，人才测评对企业人力资源的有效开发与利用，以及个人择业与事业发展，都有着十分重要的意义。尤其是对于企业而言，人才测评存在的意义更为深远，主要包括四个方面。

（1）企业人力资源管理的起点

人力资源管理工作基本贯穿了整个企业的各个部门，可以说，只要员工还在企业中工作，就会被包含在人力资源管理的范围之中。人力资源管理工作不仅要负责新员工的招聘，同时也要负责在岗人员的素质提升。

而人才测评从人力资源管理工作的起始就已经存在了，毕竟新员工的录用关系到整个团队的工作效率。如果按照传统的招聘方式，那么招聘官的主观因素将会对招聘结果产生相当大的影响，缺乏科学性的量化很可能会导致职位与入职者不匹配。

这就体现出人才测评技术的重要性了，现代企业如果能将人才测评运用于招聘环节中，对求职者的能力素质进行综合、科学的测评，就能够全方位地、系统地了解求职者的能力、个性及工作素质特征，从而科学客观地评估求职者与本职位是否匹配，由此，将最合适的职位分配给最合适的人选，使企业人力资源开发的效率得到大幅度的提高。

（2）企业人力资源科学配置的基础

人力资源的合理配置同样是企业管理工作中的重要一环，不同的人放在不同的位置，所发挥的效用可能截然不同。

比如一位擅长社交和沟通，同时对自身发展具有一定规划的员工，被放在销售内勤岗位上时，可能就无法充分发挥自身的能力优势；但如果通过企业内部的人才测评，发掘出了这位员工善于沟通交流的优点和期望获得更高工资收入的特征，将他调到营销岗上，就有可能造就一名销售冠军。

通过人才测评技术得出的量化数据，能够有效避免在岗位安排时的主观因素，以及其他的不良竞争（比如拉帮结派、任人唯亲、排斥异己等不正当手段）导致的人才失衡状况，有效地实现选人用人的制度化与公开化，有助于杜绝人事管理中的不正之风，为企业人力资源管理提供科学可靠的参考依据。

（3）企业人力资源开发和优化管理的重要工具

人力资源的开发和优化管理，是保证企业内部结构清晰、效益提升、员工素质提高的重要工作，主要包括新员工招聘、管理人员选拔和员工职业规划指导与培训三大方面。

人才测评对新员工招聘以及管理人员的选拔和在岗人员的素质培训都具有重要意义。

通过人才测评技术在企业内部发现有管理潜质的人才，并加以合理培养，是极为经济、有效的建立管理团队的手段，也是各种大型企业普遍采用的做法。从内部选拔管理人员相较于外聘管理人员而言，不仅在工作上的适应性更强，在带领团队方面，也有更强的凝聚力，能够避免工作上很多不必要的摩擦。

针对在岗人员的职业规划和素质培训，人才测评技术也功不可没。在企业内部不定时地进行人才测评，根据测评结果，企业可以针对每个员工的发展方向实施特定的培养计划，开发员工的潜能，系统全面地开展培训工作。

（4）加强企业竞争能力的保障

利用人才测评技术提升员工素质及选拔高端人才，能够加强企业的竞争能力。通过人才测评科学、合理地配置人力资源能够促进企业稳定、健康发展。

在管理方面，运用人才测评技术从内部选拔出有效管理者，能够优化管理体系，明确管理责任，实现企业运行的高效化和弹性化。

由此良性循环，进而使企业在整个行业中保持相对的稳定性和竞争力。

1.1.2　人才测评需要遵循的原则

人才测评有五大基本原则，只有符合这五大原则，才能实现人才测评技术的真正作用，从而实现相应的目的。

（1）普遍性与特殊性相结合

设计人才测评方案应针对某一类工作岗位或是某一个部门，范围可能比较大，具有普遍性的特征。但同时，这一方案也应该充分体现工作岗位或职位的特点与要求，合理选择测评要素和指标，兼具特殊性。

（2）测量与评定相结合

人才测量和人才评定是一个有机的整体，相关工作人员在对测评信息进行统计处理和解释测评结果时，一定要注意测量与评定的结合。

没有客观的测量，就不会得出确切的数据，自然无法分析出相应的结论；同样的，没有评价体系的存在，前期测量的数据也难以发挥作用。

（3）科学性与实用性相结合

人才测评固然注重科学性，但也要考虑到现有测评技术、条件的限制，以及职位对测评对象的素质要求程度，应注重实用性。比如，如果针对普通员工进行的人才测评方案是按照管理人员的要求来设计的，尽管在科学性上没有问题，但很明显也失去了实用性。

（4）精确与模糊相结合

人才测评中的精准与模糊，主要取决于测评要素的性质。比如在针对财税人员的测评方案中，对于数据处理、资金核算方面的测评会力求精准，但对于沟通能力和创新能力这种主观性较强的因素，就会进行模糊测评。

除此之外，有时候基于实用性的考虑，也会在测评过程中进行一定的模糊处理。如测验财税人员对数字的敏感性和记忆力时，给出了10秒记忆20个数字的测评题目，但并不是绝对地要求必须全部记忆，而是根据数字正确还原的数量来划分等级，用以评价该人员的记忆力，这也是一种精准中的模糊。

而针对工作中应当具备的素质，就算难以衡量也要力求精准。比如为文书岗位设计的人才测评方案中，就会对相关人员的理解能力和文字表达能力进行细致的测评，尽量在模糊中寻求精准。

（5）静态与动态相结合

静态测评与动态测评需要互相结合，才不会在某些方面失之偏颇。静态测评一般是以相对统一的测评方式在特定的条件下进行测评，不考虑测评要素的动态变化性；而动态测评则是从要素形成与发展的过程，以及前后发展的情况进行测评。

举个简单的例子，针对一项工作的硬性要求，可以设计统一的静态测评方案，但对于员工的决策能力、性格倾向等要素的测评，就需要根据工作的不同阶段进行动态调整。

1.1.3 人才测评的主要作用

对于企业而言，人才测评是为招聘、选拔、配置和评价人才提供科学依据，为提高个体和企业的效率和效益而出现的一种服务。它在人力资源管理和开发中具有重要作用，主要体现在五个方面，其内容见表1-1。

表1-1 人才测评的作用

作　用	含　义
有助于人才选拔和使用	在人力资源管理工作开展的初始阶段，人才测评技术有助于新员工的招聘，同时也能帮助企业在内部选拔高端人才。除此之外，人才测评也有助于提高企业人力资源的利用效率，实现术业专攻
有助于人才开发和培养	对于员工潜在能力的开发和培养，人才测评技术也具有相当关键的作用。通过不同的测评方案和针对性的培训，企业完全可以在内部挖掘并自行培养高端人才
有助于人力资源建档	人才测评实质上是一个系统，针对不同的员工，测评得出的数据和结论有助于人力资源工作者建档保存，并将不同员工、不同时期的数据进行横向、纵向对比，深入了解员工的素质变化
有助于管理者安排工作	通过人才测评的方式，不同员工的工作能力和绩效都会清晰展示出来，管理者可以根据每个人的测评数据来合理安排工作
为团队建设提供依据	一个经过人才测评而精心搭配的团队，能够充分发挥他们各自的优势和特长，从而达到众人拾柴火焰高的效果。但一个未经科学搭配的团队，可能会出现互相推诿、因能力差距太大导致某项工作失误等情况，反而会让工作停滞，失去了团队协作的意义

1.1.4 人才测评的种类

人才测评的种类非常多，并且会根据划分依据的不同分为数个大类，比如按照测评目的划分、按照测评工具划分、按照测评形式划分等。如果以与参与、实施人员有关，或者与测评本身有关为依据来划分，就可以将这些大类划归为两部分。

（1）与参与、实施人员有关

以与参与、实施人员有关为依据来划分，主要包含了按参与人员数量的分类、按测评实施者的分类以及按测评对象的分类，如图1-2所示。

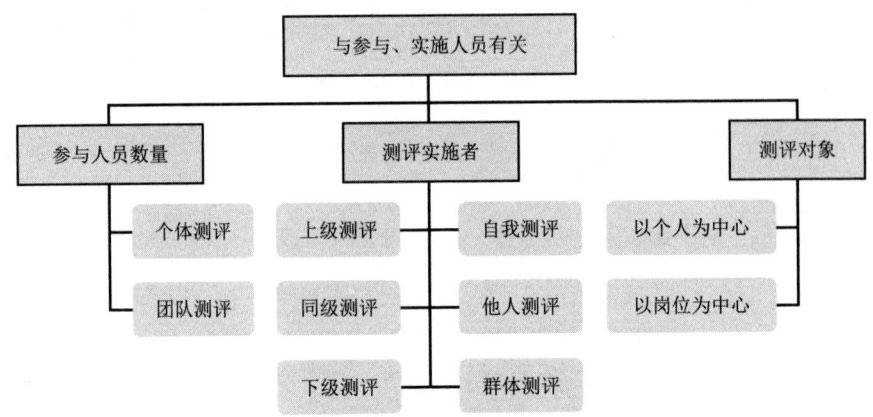

图1-2　与参与、实施人员有关的人才测评分类

（2）与测评本身有关

如果是与测评本身有关的划分，就有按照测评形式的分类、按照测评工具的分类、按照测评目的的分类以及按照测评参照系的分类。图1-3为按照测评形式的分类。

图1-3　按照测评形式的分类

由于测评工具的多样性，据此进行的人才测评所包含的种类就非常丰富，其中有四个分类是企业管理者和相关工作人员可以重点关注的，具体如下所述。

①岗位匹配度测试（SHL）。该测试工具通过大量取样，针对不同岗位任职者的行为进行访谈和现场观察后，将所有工作都可能会涉及的行为分为8大类、20子类以及112种具体行为。再通过40道职业行为测试题，测试应聘者与8大维度中最重要的6大维度之间的匹配程度，以此来评价应聘者潜能与应聘岗位的匹配程度。

②人格类型量表（MBTI）。这是一种通过分析个体的偏好和倾向，帮助了解个人的性格类型的人才测评工具。在职业定位和发展、团队建设、领导力人格基础发展、人际工作关系、员工素质、组织内部沟通以及跨文化企业管理等领域为员工和企业提供有效的帮助。

③选才测验。主要测量4个方面的内容，即个性特征测试、基本工作能力测试、通用技能测试以及岗位技能测试，用以评估个人的职业兴趣与职业适应性，即分析出个人适合于做何种工作。

④行为特征分析。它以个性测验为基础，展现了4个基本风格，即支配性、影响性、服从性、稳定性，同时利用个性测验行为分析方法了解个体心理特征、行为风格、沟通方式、激励因素、优势与局限性以及潜在能力等，预见分析对象可能的工作表现，提供更丰富的信息。

如果按照测评目的进行分类，就可以将其大致分为5大类，分别是选拔性测评、配置性测评、开发性测评、诊断性测评和考核性测评，从其分类名称应该就可以看出各自的含义。

按照测评参照系的分类较为复杂，这里的参照系主要指通过测评得出结论后需要进行对比的对象，或是设计测评活动的依据和标准。前者被称为常模测评，后者被称为标准测评，具体含义和差别如图1-4所示。

按照测评参照系的分类

常模测评指测评者将具有一定代表性的一群被测者的测验分数进行一般性、样本化、标尺化处理后形成的一种参照性分数。常模测评就是将被测者的结果与特定人群的平均成绩进行对比，以确定被测者在该人群的水平

标准测评是指依据某一岗位或是工作的素质标准设计出的测评方案，目的在于挑选出符合该岗位或工作的被测者，同时确定被测者的胜任程度

图1-4 常模测评与标准测评的差异

1.2 人才测评的原理

当今的人才测评技术已经非常成熟，其内在的原理和理论基础包含广泛且繁杂。对于大部分人来说，进行人才测评并不需要了解背后的原理或是理论，但对于企业管理者及人力资源工作者来说，熟悉人才测评的原理还是很有必要的。

1.2.1 人才测评的理论基础

人才测评的理论基础主要分为两大方面，一是三大宏观理论基础，二是人职匹配理论。

（1）三大宏观理论基础

人才测评的三大宏观理论基础分别是个体差异论、职位差异论以及素质可测论，这三大理论奠定了人才测评的基础，也是人才测评技术产生与发展的必要前提。

◆ 个体差异论

个体差异是指在社会群体竞争中，个体之间先天禀赋差别和后天环境条件的差异，以及由此形成的个体的差异结果。比如每个人的出生时空和环境、才智身心素质、教育学习、组织关系、生活经历等各方面生存发展条件都有所不同,就会导致千人千面,每个人都是独特的。

20世纪70年代,传播学者梅尔文·德弗勒提出了比较完整的个体差异理论,同时将个人之间的差异分为五种:个人心理结构不同;先天禀赋和后天性格不同;认知所形成的态度、价值观念和信仰不同;社会理论所形成的观点、主张和立场不同;通过社会学习所形成的素质不同。

在这一理论的支撑下,人才测评在设计和施行时就必须遵循因人而异、因材施教的原则,也就是要达到精准性与特殊性的要求,以实现人力资源的合理配置。

◆ 职位差异论

职位差异主要阐述的是企业设置的不同职位之间的差异,这种差异体现在工作内容上的差异,担负职责上的差异,工作环境上的差异,以及对工作人员素质要求上的差异等。

除特殊情况外,企业中每一种不同的职位或是工种之间,都应该在某方面有特殊要求,进而形成区别,在人才测评方案的设计和安排上也要具有针对性。比如在一个企业的财税部门中,就会因为工作内容和要求的不同,将工作岗位大致分为财务工作和税务工作两大类,针对每个大类设计的人才测评方案自然会相差甚远。

同时,人力资源管理工作应当做到因岗设人,而不是因人设岗。在固定岗位的客观条件下,才能以此为标准筛选和甄别出最适合该岗位的工作人员,实现人才开发与利用的高效化。

◆ 素质可测论

不同个体之间的素质同样具有差异性,先天禀赋差别和后天环境条件的区别越大,那么个体之间的素质差别可能就越大。这种内在的差别会从个体的外部行为方式中表现出来,为素质测评提供了可能。

通过人格测验、心理测验、能力测验、胜任力测验、绩效考核等人才测评手段，人力资源工作者能够将不同个体之间的素质差异转化为具体的数据，最后通过评价系统得出结论，进行横向对比。

（2）人职匹配理论

人职匹配理论以三大宏观理论中的个体差异论和职位差异论为基础，其基本思想为个体差异是普遍存在的，每一个个体都有自己的个性特征，而每一种职业由于其工作性质、环境、条件、方式的不同，对工作者的能力、知识、技能、性格、气质、心理素质等有不同的要求。进行职业决策（如选拔、安置、职业指导）时，就要根据一个人的个性特征来选择与之相对应的职业种类，即进行人职匹配。

人职匹配理论由职业指导专家约翰·霍兰德提出，霍兰德认为人的人格类型、兴趣与职业密切相关，每个人都有自己独特的能力素质和人格特征，不同人格特征的人都可以找到适合自己的职业。当个人的人格特征、兴趣与职业相符时，可以调动其工作的热情并充分激发潜能，提高工作的满意度。也就是说，员工的工作效率与职位匹配度的高低直接挂钩，并且呈正相关。

举个例子，一个不擅长社交也不喜欢长期与陌生人接触的内向的人，公司却为了填补空白职位，忽略人职匹配原则，将他安排到了销售岗上。很显然，员工内心必然会抗拒四处奔走发掘客户和销售产品的工作内容，在同样的工作时间和环境下，该员工的业绩大概率会低于平均水平。最终的结果就是公司花费了时间和精力培养员工，员工花费了时间和精力工作，但结果不如人意，这就是不遵循人职匹配理论的后果。

由此可见，对于组织和个体来说，进行恰当的人职匹配具有非常重要的意义。而进行人职匹配的前提之一，是必须对人的个体特性有充分的了解和掌握，而人才测评是了解个体特征最有效的方法。基于这种需求，人才测评还需要遵循特性-因素论和人格类型论两大理论。

◆ 特性 - 因素论

特性 - 因素论建立在弗兰克·帕森斯职业指导三要素思想之上，由职业心理学家威廉斯进一步研究而形成。

特性 - 因素论其实与人职匹配理论的内涵十分相似，认为个体差异现象普遍地存在于个人心理与行为中，每个人都具有自己独特的能力模式和人格特质，而某种能力及人格模式又与某些特定职业存在着相关性。两个理论都在强调个人所具有的特性与职业所需要的素质、技能（因素）之间的协调和匹配。

帕森斯职业指导三要素思想是特性 - 因素论的基础，因此对人才测评技术的发展也做出了不可磨灭的贡献，思想中提出职业指导由三步组成，如图 1-5 所示。

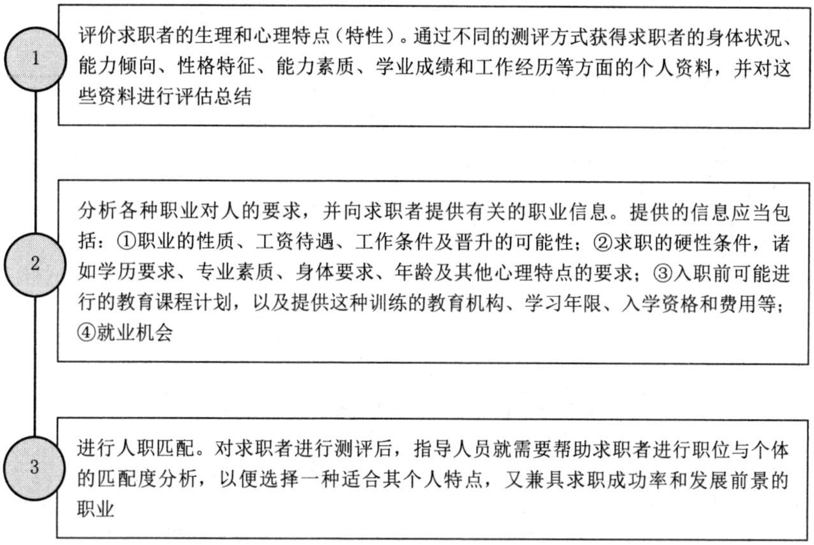

1. 评价求职者的生理和心理特点（特性）。通过不同的测评方式获得求职者的身体状况、能力倾向、性格特征、能力素质、学业成绩和工作经历等方面的个人资料，并对这些资料进行评估总结

2. 分析各种职业对人的要求，并向求职者提供有关的职业信息。提供的信息应当包括：①职业的性质、工资待遇、工作条件及晋升的可能性；②求职的硬性条件，诸如学历要求、专业素质、身体要求、年龄及其他心理特点的要求；③入职前可能进行的教育课程计划，以及提供这种训练的教育机构、学习年限、入学资格和费用等；④就业机会

3. 进行人职匹配。对求职者进行测评后，指导人员就需要帮助求职者进行职位与个体的匹配度分析，以便选择一种适合其个人特点，又兼具求职成功率和发展前景的职业

图 1-5　帕森斯职业指导的三个步骤

◆ 人格类型论

人格类型论同样是由职业心理学家霍兰德提出的，它不仅对人才测评的发展产生了深远影响，而且也与人职匹配理论息息相关，两者在某些方

面具有相似之处。

在人格和职业关系方面，霍兰德提出了以下四大假设。

①在现实的文化中，可以将人的人格分为六种类型：实际型、研究型、艺术型、社会型、企业型与传统型。每一特定类型人格的人，便会对相应职业类型中的工作或学习感兴趣。

②环境也可区分为上述六种类型。

③人们寻求能充分施展其能力与价值观的职业环境。

④个人的行为取决于个体的人格和所处的环境特征之间的相互作用。

人格类型与环境类型相匹配的情况被称为"和谐"，只有在"和谐"的情况下，工作效率才有可能被提升到更高层次，个人的能力与兴趣才能得到满足。

针对不同的人格类型，霍兰德也描述具体的人格倾向，以及对应的职业类型，具体见表1-2。

表1-2 六种人格类型与对应职业

人格类型	人格倾向	对应职业
实际型	喜欢有规则的具体劳动和需要基本操作技能的工作，缺乏社交能力，不适应社会性质的职业	技能性职业（如一般劳工、技工、修理工等）和技术性职业（如制图员、机械装配工等）
研究型	具有聪明、理性、好奇、精确、批评等人格特征，喜欢智力的、抽象的、分析的、独立的定向任务这类研究性质的职业，但缺乏领导才能	科学研究人员、教师、工程师、技术人员等
艺术型	具有想象、冲动、直觉、无秩序、情绪化、理想化、有创意、不重实际等人格特征，喜欢艺术性质的职业和环境，不善于事务工作	艺术方面的（如演员、导演、设计师等）、音乐方面的（如歌唱家、作曲家等）与文学方面的（如诗人、剧作家等）
社会型	具有合作、友善、助人、负责、圆滑、擅长社交、洞察力强等人格特征，喜欢社会交往、关心社会问题、有教导别人的能力	教育工作者（如教师、教育行政工作人员）与社会工作者（如咨询人员、公关人员等）

续上表

人格类型	人格倾向	对应职业
企业型	具有冒险、野心、独断、自信、精力充沛、善社交等人格特征，喜欢从事领导及企业性质的职业	政府机关工作人员、企业管理人员、销售人员等
传统型	具有顺从、谨慎、保守、实际、稳重、有效率等人格特征，喜欢系统、有条理的工作任务	秘书、办公室人员、记事员、会计、行政助理、图书馆管理员、出纳员、打字员、税务员、统计员、交通管理员等

以上的对应关系并非绝对，霍兰德在研究中发现，尽管大多数人的人格类型可以主要划分为某一类型，但个人又有着广泛的适应能力，其人格类型在某种程度上相近于另外两种人格类型，则也能适应另两种职业类型的工作。霍兰德用一个六边形，即霍兰德人格 - 职业匹配六角图，简明地描述了六种类型之间的关系，如图1-6所示。

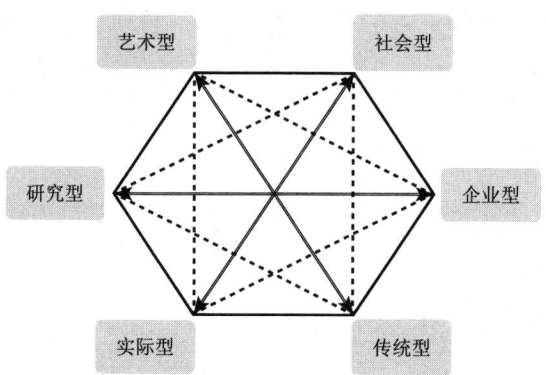

图1-6 霍兰德人格 - 职业匹配六角图

1.2.2 人才测评的信度与效度

人才测评在对个体的素质或是其他因素进行测量时，本来就是精准与模糊互相穿插，误差是难免的，这就使得真实值和测量值之间不可能完全一致。如果将真实值和测量值之间的关系和反映出的结果相对应，就能够得到图1-7。

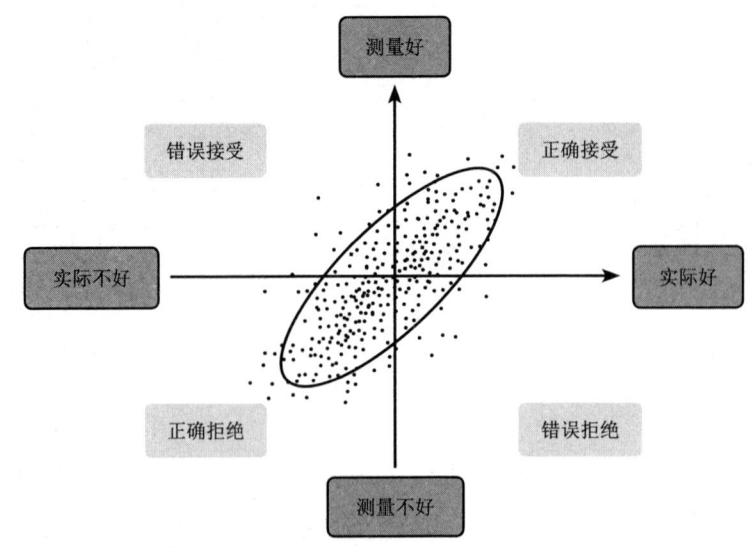

图 1-7　真实值和测量值之间的关系

尽管如此，人才测评依旧具有较高的预测价值，其有效性可以通过测试信度和测试效度来衡量。

（1）测试信度

测试信度也叫测试的可靠性，指测验结果的一致性、稳定性及可靠性，信度系数愈高即表示该测验的结果愈一致、稳定与可靠。这里的信度系数一般指同一样本所得的两组资料的相关性，信度系数的理论公式如下：

$$r_{XX}=r_{Xr}^2=S_T^2 \div S_X^2$$

其中，r_{XX} 是信度系数，S_T 是真实分数标准差，S_X 是实得分数标准差，$r_{Xr}=S_T \div S_X$ 也称为信度指数。信度系数等于信度指数的平方。

信度主要有两大作用，一是解释真实分数与实得分数的相关性。简单来说，就是信度可以解释总方差中有多少比例是由真实分数的方差决定的，同时，信度系数也能告诉人们测量的误差比例是多少。

二是说明某一测验的信度水准如何。一般来说，能力测验与成就测验的信度系数应该在 0.90 以上；人格、兴趣等测验的信度系数通常应该在 0.80～0.85 之间，才能被称为有效的测验。如果信度系数小于 0.70，不能用测验对个人做评价，也不能在团体间做比较；如果信度系数大于 0.70，可用于团体间的比较；如果信度系数大于 0.85，可用于对个体进行检验。

信度的评定方法大致有四种，分别是再测信度、复本信度、内部一致性信度及评分者信度，每种方法的内在原理和使用方式都非常复杂，涉及大量专业知识，非专业人员理解起来比较困难。因此，这里只介绍每种评定方法的概念，如图 1-8 所示，如果读者有兴趣，可以自行搜索学习。

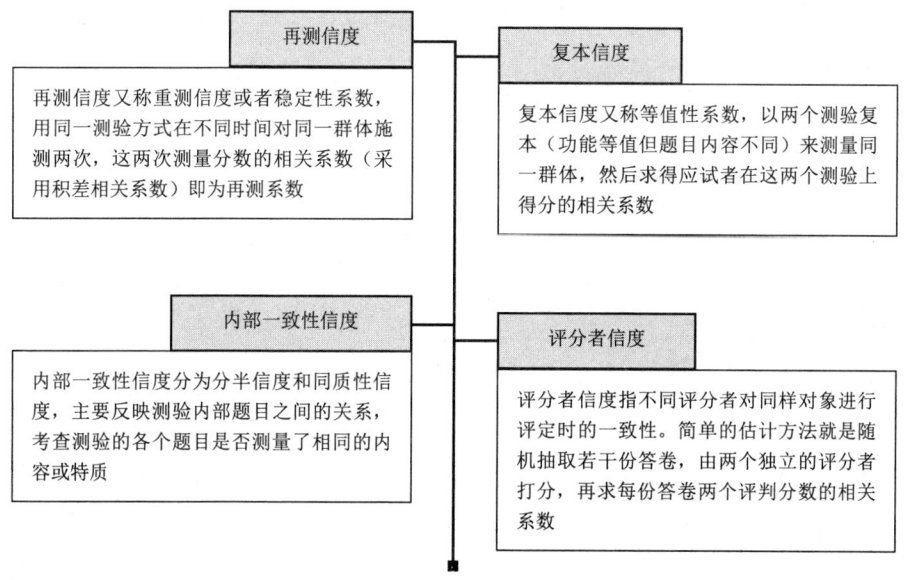

图 1-8 信度的四种评定方法

影响人才测评信度的因素很多，大致可归纳为三种：样本团体的性质；测验题目的多少；测验的难度。

样本团体的性质对信度的影响主要有两个方面。

①样本团体的分数分布：任何以相关系数表示的信度系数，都会受样本团体分数分布的影响。分数分布越广，信度系数就相对越高，分数分布越窄，信度系数就会越低。

②样本团体的异质性：一般来说，取样团体的异质性越大，信度系数就相对越高，这是因为样本团体的异质性对样本团体的分数分布有影响。样本团体越同质，分数分布范围越小；样本团体越异质，分数分布范围越大。

测验题目的多少也是影响人才测评信度的一大重要因素，一般来说，测验题目越多，测验程序越长，信度值越高。因为测验程序越长，题目取样或内容的取样就越充分，结果就越可靠。同时，较长的测验也不容易受到主观因素和干扰因素的影响。

测验的难度对人才测评信度的影响也很明显，只有当测验的难度水平能够使测验分数分布范围最大时，测验的信度才会比较理想。一般来说，当所有被试者的平均分为测验总分的一半，并且分数从零分到满分呈正态分布时，测量的信度最高。

根据这几种影响因素，相关工作者和人才测评设计者可以找到提高测验信度的方法，从而从各方面完善人才测评的方案。

（2）测试效度

首先要知道什么是效度，效度指与测量目标有关的真实分数方差（即由测量目标变量所产生的方差）与总分方差的比率。简单来说，测验的效度代表的是测量结果的准确程度，公式如下：

$$r_{XY}=S_V^2 \div S_X^2 \qquad S_X^2=S_T^2+S_E^2=S_V^2+S_I^2+S_E^2$$

其中，r_{XY} 是常用的效度表示法，S_V 是有效方差，S_X 是总方差。S_T 是真实分数标准差，S_E 是随机误差项，S_I 是系统误差项。公式中显示出造成测验分数变化的原因出自三大来源：测量对象本身的变化；测量工具的精度造成的系统误差；测量工具使用中造成的随机误差。

效度的评定方法有三种，这里同样只介绍其含义和应用方法，其余原理不再赘述，具体如图1-9所示。

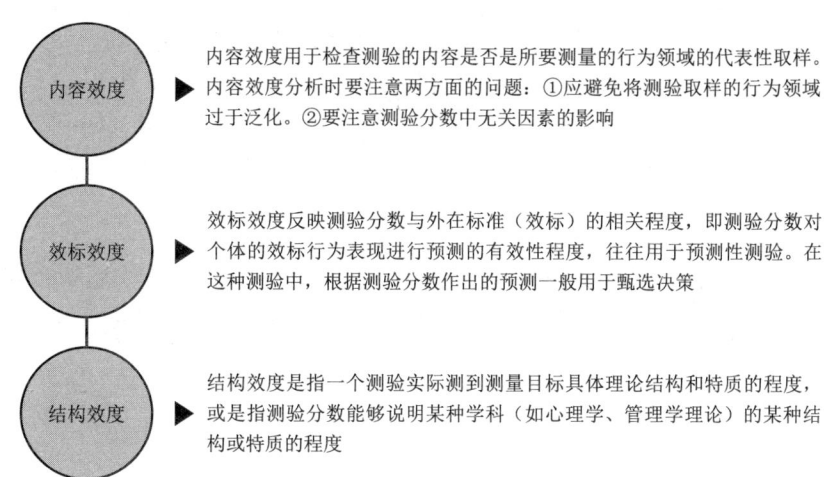

图 1-9　效度的三种评定方法

影响效度的因素主要有四个方面，通过了解这些因素，读者可以寻找到提升测验效度的方法。这四个方面分别为：测验题目的难度、合理性和数目方面；测验实施和计分方面；被试者的主观方面；样本团体的代表性、规模和异质性方面。

1.3　人才测评的功能和特点

了解人才测评的各项功能和特点，对于人力资源部门在人才测评方面的工作是很有帮助的，一是能够更有针对性地使用人才测评技术；二是在人力资源管理工作出现问题时，能够通过人才测评的功能对存在的问题进行分析，从而得出解决方案。

1.3.1　人才测评五大功能

人才测评具有五大基础功能，每项功能都是该技术的关键组成部分，下面就来逐一了解。

（1）鉴定功能

鉴定功能是人才测评最直接的功能，也是在前面的内容中反复强调过的。这里的鉴定对象主要是被测者的心理素质、能力素质、道德品质和工作绩效等，由于人才测评综合采用了多种科学方法和技术，因此它能依据人才测评的目的和要求，对被测试者进行更为客观和准确的鉴定。

（2）预测功能

预测功能，主要是对被测者在实际工作岗位和业绩上所能达到的程度进行预测，其信息来源就是针对不同要素进行的各种各样的测评方案。这些方案能够提供丰富而客观准确的、有关个体（或群体）当前发展水平的信息，从而通过分析已有信息，预测未知的可能性。

（3）诊断功能

人才测评的诊断功能体现在团体或个人发展到一定程度后，素质能力、业绩或是其他因素难以进步，出现停滞不前甚至逐步倒退的情况时，采用一定的人才测评技术和方法，对被测评者的相应要素进行客观评价。

此时，人才测评的目的并非用于招聘或选拔，而是通过测评显示的结果，帮助团体或个人能够进行自我反省和检查，结合自身测评数据，找出存在的问题、缺陷和不足，以便采取针对性的措施加以改善，实现可持续发展。

（4）导向功能

人才测评的导向功能体现在测评的内容和评价标准反映了社会对人才的需求标准，也就是说，针对某一岗位或某一类工作制定的测评标准，就是求职者应当达到的平均水平。

如果这一标准是最低标准，那么求职者还应当在该标准基础上，针对测评的内容和标准，进行各种学习和训练，提高对应的能力和技能，增强自身的素质和修养。

（5）激励功能

激励功能是指通过人才测评反映出的团体或个体的问题和优势，能够激励团体或个体产生进取向上的意愿，从内在激发人的学习热情和工作热情,从而不断地提高每一个人的素质和工作能力。

1.3.2 人才测评四大特点

人才测评的四大特点有一些比较抽象,但结合一些案例就能很好地理解了,下面来详细分析。

(1)心理测量

人才测评中有很大一部分是针对个体的人格和心理进行测评的,测评的要素主要包括能力、兴趣、性格、气质及价值观等,有时候还会包括被测者的身体素质等外在要素。

这是因为心理素质在个体发展事业的过程中具有十分关键的作用,尤其是当个体所处的行业处于岗位竞争激烈、资源分配不均衡的情况下,不同的心理素质将从很大程度上决定个体的竞争力强弱。

下面来看一个企业中经常使用的心理测评题目节选。

实用范例 职场心理测评题目(节选)

1. 你认为容易吸引你的人是?(　　)
   a. 有才气的人　　b. 依赖你的人　　c. 优雅的人
   d. 善良的人　　　e. 性情豪放的人

2. 到户外野营,你最怕以下哪种情况发生?(　　)
   a. 背包坏了　　　b. 忘记带火机　　c. 找不到水源
   d. 夜里下雨

3. 如果你可以成为一种动物,你希望自己是哪种?(　　)
   a. 猫　　　　　　b. 马　　　　　　c. 大象
   d. 猴子　　　　　e. 狗　　　　　　f. 狮子

4. 你更喜欢吃下面哪种口味的糖果?(　　)
   a. 咖啡　　　　　b. 水果　　　　　c. 牛奶
   d. 巧克力　　　　e. 薄荷

5. 天气很热，你更愿意选择什么方式解暑？（　　）

  a. 游泳　　　　　　b. 喝冷饮　　　　　　c. 开空调

6. 如果必须与一个你讨厌的动物或昆虫在一起生活，你能容忍哪一个？（　　）

  a. 蛇　　　　　　　b. 猪　　　　　　　　c. 老鼠

  d. 苍蝇

7. 给你一件衬衫，你会用什么来搭配它？（　　）

  a. 休闲西裤和皮鞋　　b. 背带裤和帆布鞋

  c. 休闲裤和布鞋　　　d. 牛仔小脚裤和靴子

8. 你喜欢看哪类电影、电视剧？（　　）

  a. 悬疑推理类　　　b. 童话神话类　　　　c. 自然科学类

  d. 伦理道德类　　　e. 战争枪战类

9. 以下哪个是你身边必带的物品？（　　）

  a. 打火机　　　　　b. 口红　　　　　　　c. 记事本

  d. 纸巾　　　　　　e. 手机

  ……

（2）抽样测量

  抽样测量其实很好理解，就如监管部门在对某一工厂的生产线进行检验时，不会针对每一个环节中的每一个生产细节及其产品进行检测，而是会在整个工厂中随机抽取几条生产线，再从生产线中抽取几个环节，对这些环节中的部分细节和产品进行细致检验，从而得出对整个工厂生产质量的近似评估结果。

  人才测评也是如此，除了在招聘时有必要对每一位求职者进行测评以外，在人力资源管理后续工作进行的过程中，比如企业内部定期进行的测评活动，就可以采用抽样测量的方式。

  抽样测量的方式有很多，或是从企业中抽取几个部门，或是从部门中抽取几名员工，或是从同一批入职的员工中抽取几位……通过这样的方式，能够大大减少人力资源管理的工作量，但结果就不会太精准，这一点是管理者和相关工作人员需要注意的。

（3）相对测量

相对测量中的"相对"理解起来比较抽象。一方面，不同素质和性格特征的个体对测评题目的理解和看待方式不同，得出的结论可能会大相径庭；另一方面，测评工具的局限性也会使得测评的精准度受到影响。

在这些因素的影响下，最终得到的结果与真实情况之间一定是存在差异的，那么评估人员就只能以相对的眼光来看待，而并非将其当作绝对的判定标准，草率地将人力资源进行分配。

（4）间接测量

间接测量主要指的是在针对某些不易测量的因素时，不会采用直接询问的方式来测量，而是会通过间接的测量方式，尽量避开被测者可能存在的主观干扰项，提出一些看似不相关的问题，达到对某一项因素测评的目的。

其中最典型的就是心理测评、人格测评、能力测评以及素质测评等方面。比如在测评某个被测者的理解能力时，大多数测评者都不会直接询问"请问你对文字以及语言的理解能力如何？"而是会通过迂回的方式来了解，如列出一些与该职位相关的日常对话，要求被测者描述出双方的目的以及情绪变化等，这就是一种间接测量。

下面来看一些常见的间接测量题目。

实用范例 间接测量题目

一、间接测量被测者的社交意愿以及抗干扰能力。

1. 不知为什么，有些人总是回避或不愿理我。（　　）

　　a. 不是的　　　b. 不一定　　　c. 是的

2. 在大街上，我常常避开我不愿打招呼的人。（   ）

    a. 从未如此　　　b. 偶尔如此　　　c. 经常如此

3. 当我集中精力工作时，假使有人在旁边高谈阔论。（   ）

    a. 我仍能专心工作　　　　　b. 介于 a、c 之间

    c. 我不能专心工作且感到愤怒

4. 我从不因流言蜚语而生气。（   ）

    a. 是的　　　　　　　　　　b. 介于 a、c 之间

    c. 不是的

……

二、间接测量被测者是否有心理疾病，家庭情况如何。

1. 有一种食物使我吃后呕吐。（   ）

    a. 没有　　　b. 记不清　　　c. 有

2. 除去看见的世界外，我的心中没有另外的世界。（   ）

    a. 没有　　　b. 记不清　　　c. 有

3. 我会想到若干年后有什么使自己极为不安的事。（   ）

    a. 从来没有想过　　b. 偶尔想到过　　c. 经常想到

4. 我常常觉得自己的家庭对我不好，但又确切地知道他们的确对我好。（   ）

    a. 否　　　　　b. 说不清楚　　　c. 是

5. 每天我一回家就立刻把门关上。（   ）

    a. 否　　　　　b. 不清楚　　　c. 是

6. 我坐在小房间里把门关上，但我仍觉得心里不安。（   ）

    a. 否　　　　　b. 偶尔是　　　c. 是

……

1.4　人才测评存在的误区及问题

人才测评是一个比较复杂的测评体系，相对于其他针对产品质量、生

产效率等方面的测评来说，人才测评所面临的误区和问题会更多。毕竟人是一个极其复杂的研究对象，彼此的性格、心理特征、价值观和社会性等都是独特的，在测评时难免会存在一些问题。

同时，如果相关工作者不注意，还有可能步入误区，使得人才测评最终的结果差强人意，难以达到选拔优秀人才的目的。

1.4.1　人才测评时不能忽视的误区

了解人才测评过程中可能存在的误区，对于测评者、管理人员以及人力资源工作者来说都是非常有必要的，因为有些误区不仅很难被意识到，还可能对测评结果产生较大影响，甚至直接拉低选拔的质量。

人才测评的误区主要有六个方面，下面就来逐一进行分析。

（1）误区一：测评软件才是最科学的

这是很多测评者会陷入的误区，在很多时候，计算机和专业软件确实会给出更为精确的结果，编制的题目可能也更加科学有效。但需要注意的是，人才测评针对的是变化的个体素质，而不是不变的绩效数据。如果测评者单纯依靠测评软件得出的分数或是等级来评判一个人的能力、心理甚至价值观，是有失偏颇的。

针对变化的因素就要用灵活的方法来分析，这就是许多求职者在面试时，面试官不止一位的原因。人才测评过程中虽然要尽量避免主观因素对结果的影响，但也不能完全将其排除在外，有时候反而会使得测试结果与真实情况相差甚远。

（2）误区二：人才测评是选拔人才的绝对依据

尽管人才测评是一种严谨、客观和准确的考查人的基本素质和能力的活动，但有些企业把人才测评看成是人才选拔最准确的或唯一的科学依据，这样就太过片面和盲目了。

首先，世上没有百分之百准确、可靠、有效的人才测评方法，只是尽量向真实值靠拢，毕竟个体素质无法完全用具象的数字或等级来衡量。如果企业仅仅依靠人才测评结果来进行录用或选拔，很有可能会漏掉一些真正具有潜力的人才。

其次，员工的工作效率或是能力不只来自自身素质，还有很大一部分来自外部的激励。

举个简单的例子，有两家企业都设置了专门的技术部门，但甲企业给出的待遇仅仅处于行业平均水平，还奉行能者多劳但不能多拿的企业文化，技术人员苦不堪言，工作几乎是得过且过，完全没有亮点和创新可言。

而乙企业不仅给出了超出行业平均水平的待遇，还设置了工作评价系统，每月为优秀员工或优秀团队颁发奖金，平时的生活福利和节日福利丰厚，年终结算时按劳提升年终奖。自然，该企业中的技术人员工作热情和效率远高于甲企业，团队氛围也更为和谐，互帮互助下这些技术人员为乙企业带来的正面价值将远大于甲企业的技术人员。

由此可见，人才测评得出的结论并不能绝对定义被测者未来的表现，这一点是需要重点关注的。

（3）误区三：以往参与过测评的人表现会更好

有些测评者会认为，以往参与过测评的人在有准备的情况下，再次参与测评的表现会比初试者更好。其实不然，先不说每次测评的方案都应该动态变化，单单是某些测试题的性质，就决定了参与过的被测者不会比初试者更有优势。

下面来看看一些人才测评中的开放性测试题。

实用范例 人才测评面试中的开放性问题

1.你是如何（利用工具／工序）确保方案得以顺利完成的？请分享最近一次你使用这些工具／工序的经历。

2. 有时我们会因为太忙而未能完成一些活动或工作，可能因此而引起了延误或效果不太理想，请分享一个最近发生的例子，以及你的应对方式。

3. 当工作遇到时间冲突的时候，你是如何决定事情的缓急次序的呢？请讲述其中一次的经验。

4. 有哪些客户跟你合作得最愉快／最不愉快？为什么？情况是怎样的？

5. 顾客的类型很多，有些很容易合作，有些要求比较高，或者比较难以应付，可否举一个例子，关于你处理一个不满意或向你投诉的顾客。当时你是怎样做的？

6. 请分享一次你感到最满意的服务顾客的体会。当时的情形是怎样的？你是怎样处理的？后果如何？

7. 有没有感到工作难以完成的时候？你是怎样做的？

8. 碰到过领导对你发火的时候吗？你是怎样做的？

…………

这种开放性问题没有正确答案，每个人的回答都可能不同，但无论回答过多少次这类问题，被测者都很难做好完全的准备。一是不同测评者的主观因素对评估结果存在一定影响；二是不同的行业或职位对被测者在某些方面的表现有不同的要求，比如营销岗会通过被测者处理困难客户时的态度和方法，来判断其是否适合这一岗位，技术岗则对被测者的执行力和严谨性有更严格的要求。

实际上，有经验的被测者和初试者之间的差距并不会太大。而且，有些仅靠答题经验积累的被测者，其真实素质可能还不如那些具备真材实料的初试者。

（4）误区四：评价时对被测者的基本信息保密

参与过学校考试的读者都知道，阅卷老师在评卷时，学生的姓名、班级等基本信息都是被掩盖住的，这在很大程度上排除了阅卷老师的主观因素对结果的影响。

但人才测评不同，被测者提供的基本信息不仅是姓名、性别、年龄等，其中还包含了学历、工作经历、以往业绩表现、突出贡献、创新技术和获得荣誉等信息，这些信息对测评者的评估工作有至关重要的作用。

前面说过，将人才测评结果作为选拔人才的绝对依据是不可取的，那么除了人才测评结果之外，被测者的基本信息就是另一个关键的评估依据，测评者最好不要将这些评估因素排除在外。如果因为所谓的公平性错失了真正关键的有效信息，反而是因小失大了。

（5）误区五：人才测评就是答题笔试

人才测评的方式中确实包含了很多的答题项目和笔试项目，但这并不是全部。人才测评的方法很多，前面介绍人才测评的种类时就已经提到过了。除了笔试之外，还有操作测试、计算机测试、面试、情景模拟测试等多种非笔试、非答题的测评形式。

测评形式的多样化有助于从各个方面了解被测者的多种素质和能力，企业管理者和相关工作人员一定要注意，不能将笔试和答题当作人才测评的全部。

下面就展示一个某办公厅录用文秘岗位时设计的模拟测验。

实用范例 录用文秘岗位时的模拟测验

【模拟测验方法】实地调查法。

【题目】写一篇标题自拟，篇幅不限的有关××蔬菜批发市场的调查报告。

【时间】1天。

考生7:15在××礼堂集中，工作人员点名、验证，宣布测验形式、题目、时间安排及注意事项。

7:30，考生统一乘车出发，到达××蔬菜批发市场工商所会议室后，有关人员将对市场基本情况进行介绍。在此期间，考生可以作笔录，但不得使用电子产品留下音像记录。

8:30，介绍完毕后考生就地解散，分头到市场自由采访、考察。采访对象并不唯一，摊主、买家、菜农、小贩等都可以作为考察对象。同时，考生还需对市场中常发生的事件进行调查，如因不遵守交规被交警处罚的、因人群拥挤发生碰撞产生口角的、因摊位争夺发生争吵的、路边茶馆中喝茶聊天的、货比三家四处询价的……针对商品的品种、质量、价钱、产地、运输、储存保管、成交量、损耗，还有度量衡、治安环境、税费等，都在考生的关注之列。

11:30，考生结束调查，统一来到××蔬菜批发市场工商所外乘车到学校教室吃盒饭，然后原地休息，期间任何人不得动笔。

13:00 开始答卷，17:00 交卷。

试卷密封后，由资深专家封闭批阅，每卷经三人分别独立打分，取加权平均分为最终成绩。

以上的模拟测验在某些岗位的人才测评方案中很常见，对被测者的各方面素质都有涉及，相较于传统的笔试和答题方式来说更为全面，被测者之间的差异性也会体现得更明显。相关人员在设计人才测评方案时，也可以考虑采用这种方式。

（6）误区六：一次测评就对被测者的能力下定论

有些企业在招聘新员工时，会出于便捷或是程序简单等原因，直接通过一次面试交流和一次人才测评流程就定义了被测者的能力和发展可能性，以及被测者与职位的匹配度，进而将被测者安置在某一职位上。

实际上，这种方式是很不科学的。首先，人才测评过程中有很多不可避免的外在和内在因素对测评结果产生干扰。比如被测者当天由于生病、紧张或是其他原因导致状态不佳，测评出的结果不是其真实水平；又比如测评者在评估结果时掺杂有个人情绪，主观性过强，得出的结果也可能存在差异。

其次，个体的素质是动态变化的，被测者在入职之前可能对某方面知识并不了解，也不具备相关的工作能力，但在经过培训和自我加强后，可能就会有很大的改善。但这些变化在一次测评中是无法得到充分体现的，被测者的潜力也就被浪费了。

因此，现在许多成熟的大型企业都已经开始采用多次面试、多次测评的方式来确定员工的能力和价值。

下面来看某商业银行员工面试的流程是如何设计的。

实用范例 商业银行员工面试流程

一、第一次面试为个人演讲答辩。

1. 组织人员抽签决定演讲顺序。

2. 主持人宣读演讲规则和注意事项。

3. 开始演讲，具体分为三个步骤进行。

第一步：演讲。演讲答辩人员围绕本人基本情况、个人能力和开展工作的思路、完成责任目标的具体措施等议题发表竞聘演讲，每人15分钟。

第二步：抽签答题。抽签答题共一题，答题时间为10分钟。

第三步：进行评委提问。由公开招聘考评领导小组评委围绕演讲者演讲内容提一个问题，答题时间为15分钟。

4. 每位演讲答辩人员答辩完毕，评委对其进行打分。

5. 评委讨论后确定最终结果，通知入选人员第二次面试。

…………

二、第二次面试为无领导小组讨论。

1. 组织人员抽签决定小组。

2. 由主持人组织无领导小组讨论。

3. 每次结束后评委对该组成员表现评分。

4. 汇总评分结果，评委讨论选手表现并甄选出最终结果，通知实习，并签订实习考核合约。

…………

可以看到，该商业银行采用两轮面试，设计了演讲、答辩和无领导小组讨论三种测评方式结合的流程。除此之外，有些对人才要求比较严格的企业还会设置笔试、情景模拟测试、现场体验后撰写报告等环节，尽量从多维度、多方面了解被测者。

1.4.2 人才测评面临的问题

我国从使用到发展人才测评技术的时间并不长，期间经历了从直接引用、修订引用到独立研究开发的过程。

尽管我国的人才测评技术已经逐渐步入成熟，但个别依旧存在测评方式和技术不够本土化，不够符合我国实际的情况。因此，在人才测评实践中，仍表现出了一些弊端，下面通过表1-3来了解。

表1-3 人才测评面临的问题

类 型	具体问题	内 容
测评工具与测评机构	测评工具缺乏规范性	随着市场对人才测评工具的需求日渐增加，市面上的人才测评工具层出不穷，但有相当多的测评工具未经权威专家认证，也没有确切的规范性文件给予指导，导致测评工具滥用、乱用，在一定程度上影响了测评的信度、效度和测评声誉
测评工具与测评机构	测评机构大多受利益驱动	测评工具的大量出现也是由于测评机构的大量成立造成的。除了一些具有专业能力，同时经过认证的测评机构以外，许多小型测评机构都没有配备专业的从业人员，测评软件也不是自主开发的。在商业利益的驱动下，很多机构都会以节约成本为目的，引进一些粗制滥造的测评软件，据此设计出的测评方案不仅不科学，还有很强的误导性，严重破坏人才测评的良性发展
测评技术与理论	测评技术落后	人才测评技术在刚开始都是直接从国外引进的，再加上基础薄弱，一些编制修订的量表几乎都被国外垄断，关于人格验等方法也基本是照搬国外技术，无法适应国内环境。同时，新技术的诞生和发展速度比较缓慢，导致我国的人才测评存在一定的局限性

续上表

类　型	具体问题	内　容
测评技术与理论	研究理论相对滞后	我国人才测评的发展基本是从20世纪90年代才开始，除了测评软件、测评工具等是从国外引进之外，基础理论很多也是参考已有的国外理论，比如霍兰德提出的人职匹配理论。在缺乏完全适应国内经济环境的基础理论的情况下，所设计出的人才测评方案和研究出的人才测评技术，终究无法更好地契合我国的人才市场需求
对人才测评技术的认知程度	对人才测评认知存在误区	从前面介绍的六大误区中就可以看出，尽管人才测评技术已经实现了广泛应用，但仍有不少人陷入了误区之中，有些企业甚至会排斥人才测评，这都是现存的认知问题
对人才测评技术的认知程度	缺乏专业的测评人员	现代人才测评是集心理学、管理学、统计学、行为科学、社会学、计算机科学为一体的跨学科体系，它要求从业人员具备一定的知识结构、能力素质以及专业技能。但正是由于对人才测评技术的认知程度和重视程度不足，许多企业甚至测评机构都缺乏专业的从业人员，只是按照测评工具或是方案走流程，测评效率和有效性将大打折扣
测评手段与后续工作	测评手段单一、简单	许多人才测评都更重视人才的外在表现，对内在的心理素质缺乏深入评价，测评手段太过单一和简单。某些营利性的测评机构往往通过几项简单测验就对个体素质下定论，难以反映出人才的综合素质状况
测评手段与后续工作	测评工作与其他环节脱节	很多企业采用的人才测评主要是对人才素质进行测量和评价，会与后续的培训和发展工作产生的脱节，无法达到因材施教、进阶培养的目的

第2章

熟悉流程：测评题目的设计与体系建立

在熟悉了人才测评的基础理论和知识后，人力资源工作者就要进入测评具体流程、测评题目设计和测评指标体系建立的学习之中了。这部分内容是人才测评的关键，也是人才测评能否达到相应目的的决定性因素之一。

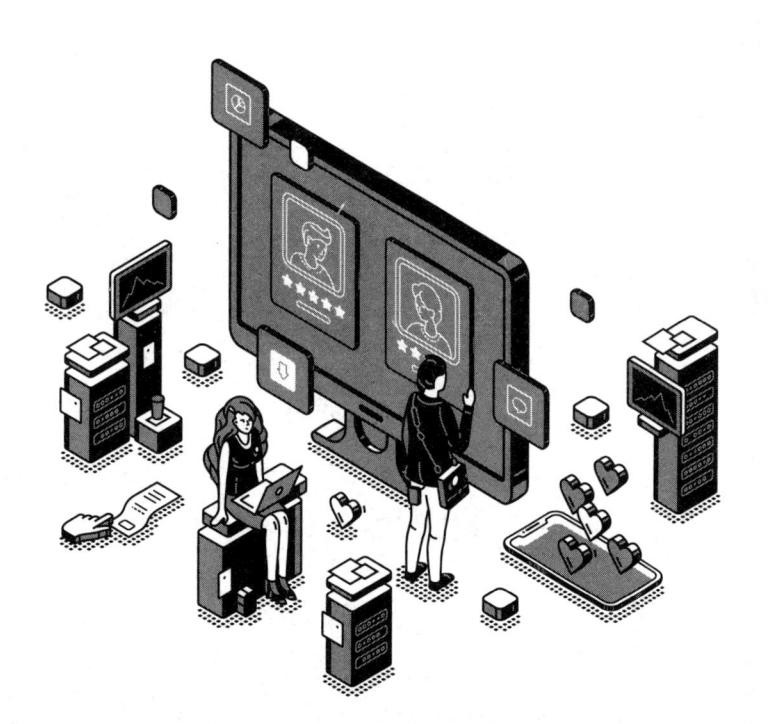

2.1 人才测评的一般流程

人才测评的流程相对比较复杂，其中涉及多个部门和管理层，但最重要的工作还是放在了人力资源部门身上。通过层层审核和各部门的配合，人才测评计划才能顺利开展，达到相应目的。

下面通过图2-1展示的流程图，来了解企业内部人才测评的大致流程是怎样的，又需要哪些部门配合。

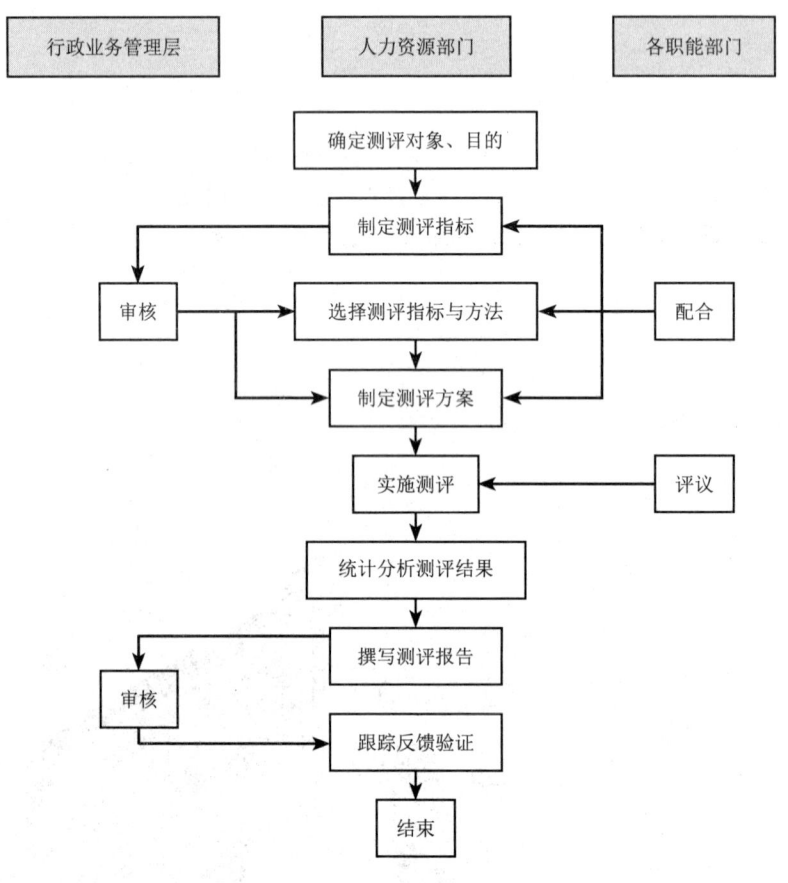

图2-1 企业内部人才测评的流程

从图2-1中应该可以比较清晰地看到各部门的职能和需要经手的事项，其中行政管理层主要负责审核和确定下一步流程的开始，人力资源部门则要完成大部分工作，同时还需要其他相关部门配合。接下来就将针对其中的关键流程进行逐一讲解。

2.1.1 确定测评对象与目的

确定测评对象和目的是人才测评计划实施的第一步，也是关键一步。在第一章关于人才测评种类的内容中简单介绍过，人才测评的对象主要分为两种，一种是受测的个人或团体；另一种则是需要通过测评选拔人才来填补的职位。

①以个人或团体为测评对象。该测评计划应围绕个人或团体的自然特性、社会特性和职业特性进行。这种测评方式有利于全面把握个人或团体的各方面素质状况，以便合理使用人才，实现人力资源的优化配置。不过，这种测评需要针对每一个人或团体进行，评估过程费时费力，工作量较大，仅适合企业选拔精英或高端管理人才，以及抽样测评时使用，对于一般岗位招聘和日常大批量的测评工作来说并不合适。

②选择职位作为测评对象。这种测评方式就是基于一个特定岗位的任职资格或胜任特征而进行的测评，一般应用于人才选拔、晋升、诊断、培训与开发等人力资源管理和配置过程。在以职位为测评对象的前提下设计的测评方案，会根据职位分析的结果，如担任该职位所需要的资格、条件、能力和岗位规范等，来确定被测者的心理素质、能力素质等，看是否与该职位相匹配。

这样看来，不同测评对象的选择，对测评方案的制定和应用范围有较大的影响，相关工作人员要注意其中的相适性。

对于人才测评的目的，在第一章关于人才测评的分类中提到有五种分类，分别是选拔性测评、配置性测评、开发性测评、诊断性测评和考核性测评。测评的目的也掩藏在其中，那就是选拔人才、人力资源配置、人力资源开发、问题诊断和素质考核。

企业在确定测评目的时，要通过多方因素进行考量。

①从外部环境来看：企业需要考察经济、社会和市场的发展现状。

②从内部发展来看：企业需要考量自身长期发展战略和企业文化等因素，同时结合人力资源管理目的和人力资源开发的需要，以及企业经营策划、变革策划、组织策划和岗位需求等方面，来确定人才测评的方向和目标。

2.1.2 选择测评方法

根据不同的测评目的和对象确定对应的测评方法，是人才测评工作的重要环节。不同的测评方式，其针对性、测评要素和维度都有区别，如何将不同的测评方式有机地结合起来，令其能够适应和契合正在进行的测评工作，就成为人力资源工作者的关注重点。

下面通过表2-1来看看测评方法与对应的适宜测评的维度。

表2-1 测评方法与对应的测评维度

测评方法	测评项目	适宜测评的维度
笔试	知识测试、公文筐测试（文件处理测试）、案例分析、个性测验、动机测验、职业倾向测验	专业知识、管理知识、管理技能、分析能力、决策能力、个性、动机、价值观、职业倾向
面试	模拟面谈	人际关系能力、理解能力、沟通能力、说服力、影响力
面试	结构化面试	综合分析能力、仪表风度、情绪控制能力、应变能力和动机匹配性等
情景模拟	公文筐测验	工作条理性、计划能力、预测能力、决策能力以及沟通能力
情景模拟	无领导小组讨论	组织行为、洞察力、倾听、说服力、感染力、团队意识、成熟度

续上表

测评方法	测评项目	适宜测评的维度
情景模拟	角色扮演	表达沟通能力和处理人际关系的能力、思维反应的敏捷程度、客户服务意识、组织和计划能力、人事管理能力、领导力以及影响力等
	案例分析	分析能力、逻辑思维能力、独创性、说服能力
	管理游戏	组织能力、思维敏锐力、紧张情景下的效率、适应能力及领导力等
计算机或网络	测评项目与笔试大致相似	与笔试及部分情景模拟类似，如专业知识、分析能力等
心理测验	卡特尔16种因素人格测验	乐群性、聪慧性、稳定性、恃强性、兴奋性、有恒性、敢为性、敏感性、怀疑性、幻想性、世故性、忧虑性、实验性、独立性、自律性、紧张性
	管理人员个性测验	正性情绪倾向、负性情绪倾向、乐群性、责任心、广纳性、内控性、自控性、自信心、A型人格、成就动机、权力动机、面子倾向
	加州青年人格问卷	人际关系适应能力：支配性、上进心、社交性、自在性、自尊性以及幸福感 / 社会化、成熟度、责任心及价值观：责任心、社会化、自制力、宽容性、好印象以及从众性
		成就潜能与智能效率：遵循成就、独立成就、智能效率 / 个人生活态度与倾向：心理性或共鸣性、灵活性、女性化
	动机问卷	风险动机、权力动机、亲和动机、成就动机
	需求测试	生理需要、安全需要、归属和爱的需要、自尊需要、自我实现的需要
	多项能力职业意向咨询	语言能力、概念类比、数学能力、抽象推理、空间推理、机械推理
	数量分析能力测验	数量及数量关系的识别分析能力
评价中心	以情景模拟方法为主、面试和心理测验为辅	全面评价

除了以此为依据外,测评方法的选择还有很多需要注意的细节,同时也要遵循一定的选择流程和原则,具体将在第 3 章 3.3 节中详细介绍,此处不再赘述。

2.1.3 制定测评方案

在确定了测评对象、测评目的、测评指标以及测评方法后,人力资源工作部门就要着手制定一个完整的测评方案了。尽管不同方案包含的内容有所差异,但大致都有测评目的、测评内容和方法、实施程序以及费用预算等项目。

人才测评方案的制定实际上十分复杂,人力资源部门在做出初版方案后,还要交予行政管理部门或管理者审核,同时其他各职能部门也要配合进行工作,比如费用预算就需要财务部门配合计算。

在此期间,测评方案可能要经历数次修改、多方探讨和完善后,才能得到最终版测评方案,从而进入下一步流程。下面来看一个具体的人才测评方案的结构和内容,为相关工作人员提供参考。

实用范例 ××公司人才测评方案(节选)

一、测评目的

根据公司的发展要求,通过对公司行政管理人员的全面测评,了解每位行政管理人员的职业素质及其发展潜力,给公司提供每位行政管理人员的测评诊断报告,并根据公司人力资源的总体状况提出咨询建议。

二、测评内容与方法

此次人才测评方法包括知识水平考试、基本职业素质测试、情景测试和面试四个主要方面,本方案的测试内容概览见表 2-2。

表2-2 人才测评方案测试内容概览

测试内容		测试形式	实施形式	测试时间
知识水平测试	企业管理知识考试	考试	上机答卷	2小时
	英语水平测试			2小时
基本职业素质测试	能力倾向测验	心理测验	上机填写问卷	总共2小时
	行为动机测验			
	行为风格测验			
无领导小组测试	企业经营管理实务处理能力、团队协作及领导能力、沟通和人际技能	情景性无领导小组讨论	小组讨论	80分钟
面试	经营管理经验、问题分析判断、业务技能	半结构化面试	组织面试	1小时

下面对这四个主要测试方面进行解释……

三、主要实施程序

1. 胜任特征分析与测试方案设计

…………

2. 上机测试准备和实施

…………

3. 情景测试、面试的准备和实施

…………

4. 综合分析与评价报告撰写

…………

四、费用构成

费用构成包括固定费用项目和变动费用项目两部分，由于采取了上机考试的形式，因此可以节省一部分材料费用。

表2-3为固定费用表。

表 2-3　固定费用表

编号	项目名称	内容概要	单价/元	数量/次	费用合计/元	备注
1	方案设计费	胜任特征分析、方案设计	1 000	1	1 000	
2	网考命题费	知识水平测试	200	2	400	
		职业素质测试	200	3	600	
3	情景测试费	无领导小组测试、评估培训费	600	1	600	
4	面试费用	半结构化面试设计、测试评估费用	800	1	800	
5	固定差旅费	专家咨询与测试	1 000	6	6 000	3人2次
合计					9 400	

…………

2.1.4　开始实施测评

实施测评的过程一般是按照经过审批的测评方案来进行的，但许多细节不会在测评方案中展示完全，因此相关工作人员还需要对部分内容进行计划和确定。

（1）确定评估小组成员

评估小组成员包含了出题者和阅卷者，除了一些外聘专家外，多数人都是此次测评的负责人。选择评估小组成员必须秉承专业、公正、客观的原则，尽量降低不同测评者的思想、价值观以及态度等主观因素对评估结果造成的影响。

如果测评方案比较复杂，测评方式穿插使用，那么就有必要将测评者分为几个小组或是划分为不同的层次，针对不同的测量数据进行评估和打分，做到尽可能的客观。

（2）安排测评时间

测评时间的安排同样是一项重要工作，人力资源部门在安排测评时间时需要注意合理性和合规性。

合理性主要指测评时间安排对于被测者来说是否合理。如果企业打算暂停工作单独安排 1～2 天时间进行全员测评，或是进行招聘测评，那么人力资源部门可根据测评项目来规划时间，并留够休息时间和进餐时间。

但如果人才测评活动仅针对内部部分人员，并且穿插在工作时间进行，那么人力资源部门就要根据员工的工作时间和休息时间来协调安排。比如分批次、分时间将部分被选中测评的员工集中起来，开展测评活动，其他有重要工作无法抽身的员工，则等待下一次测评。

合规性则指的是测评时间的安排不能侵占被测者的合规休息时间。举个简单的例子，某企业为了不让内部运营停滞，让员工利用午休甚至就餐时间来参加测评活动，或是在休息日要求员工进行线上或线下测评，这就侵占了员工的合规休息时间。

这样的安排显然是不可取的，长此以往还可能导致人心散乱，使部分员工产生不满情绪，影响工作效率。

（3）确定测评地点和环境

测评地点和测评环境也是需要提前确定的，有些大型企业的会议室或计算机房需要提前预约才能使用。

需要注意的是，测评地点不要离得太远，测评环境也尽量保持安静、明朗、开阔、洁净，能使测评者注意力集中，思维不受影响。同时，测评设备的布置也应合理，比如测评工具、音像放映设备和摄像装置等，还包括被测者可能会使用到的题本、答题纸、草稿纸、铅笔和橡皮等。

（4）向被测者说明测评计划

在开展测评活动之前，人力资源部门有必要将测评安排、测评目的和测评大致流程告知被测者,以便被测者对照安排自己的工作或参与时间,避免出现仓促通知之下时间冲突导致的缺席。同时,详细说明测评安排也能让被测者提前准备,调整好状态,以更好的精神面貌面对测试。

(5) 协调控制测评过程

测评过程中难免会出现一些突发状况,可能是被测者身体不适需要退出,或者发现某些被测者使用了不正当手段答题,也可能是测试场地被占用,或者测试工具出现问题无法正常使用等。

这些都是测评正式开始之前难以预料,或是预料到了却无法避免的情况,需要人力资源部门相关工作人员对整个测评过程进行控制和协调,灵活处理突发事件,安排后续工作。

(6) 收集并记录测评信息

需要收集并记录的并不止是书面上或是计算机中的人才测评数据,其他一些利用录音、摄像设备等工具记录下来的信息也要一并保存,作为评估的依据之一。

除此之外,人力资源相关工作人员还可以在测评活动开展过程中,对活动中没有安排好的细节或是没有注意到的事项进行记录,为下一次测评活动的策划提供参考,降低不利因素出现的频率。

2.1.5 测评报告的撰写

测评活动实施后,相关工作人员需要将测量数据和评估结果综合起来,在进行一系列分析和汇总后,撰写出一份有针对性的测评报告,并向被测者和其他各个相关部门反馈结果。

测评报告的撰写是一项专业性较强的工作,一般都是由经过认证的测评师来进行。但有些企业没有储备这类人才,也没有外聘专家辅助,就只能将这项工作交付于人力资源部门。那么,人力资源工作者就有必要学习如何输出一份具有参考价值的测评报告了。

（1）测评报告的类型

在正式开始撰写测评报告之前，撰写者有必要了解测评报告的类型，主要有按内容划分和按目的划分两种。

① 按内容划分：包括分项报告和综合报告。其中，分项报告是针对被测者不同方面、不同因素的测评结果进行分开分析和报告；综合报告则是先针对各项测评指标结果进行分项报告，最后综合评定分数或等级。

② 按目的划分：包括选拔性报告、培训需求分析报告、能力训练与开发报告、绩效评估性报告、能力诊断报告和职业发展报告等。这些测评报告的特点见表2-4。

表2-4　按目的划分出的测评报告特点

报告类型	特　点
选拔性报告	选拔性报告的核心之一是要体现出被测者之间的素质差异，以及被测者的特定素质与岗位要求或标准之间的关系。同时，选拔的目的是筛选出最适合、也是最能胜任该岗位的人才，更看重胜任程度和人岗匹配度，这些内容需要在选拔性报告中重点突出
培训需求分析报告	培训需求分析报告还可以分为个体需求报告与群体需求报告 个体需求报告注重被测者岗位任职标准之间的差距，发现被测者某方面的素质存在缺陷后，进行有针对性的培训 群体需求报告是在每个个体对培训需求的基础上进行统计分析，发现被测群体普遍存在的问题或不足，根据群体需求来确定培训项目，以及开展培训项目的先后顺序
能力训练与开发报告	基于能力训练与开发的测评活动是测评者根据训练要求对被测者的特定技能进行的测试和反馈的过程。能力训练与开发报告看重的是经过针对性培训后，被测者某些方面的能力素质是否有所改善，是否需要针对其他不足的方面开展新一轮的培训和开发
绩效评估性报告	绩效评估性报告是基于绩效管理活动的测评项目，往往会选择对被试者绩效成果有明显或直接作用的指标作为测试维度。因此，在测评报告中评测者需要解释被测者在测评过程中的具体表现，以及这些表现可能会对其绩效产生的相关影响

续上表

报告类型	特　点
能力诊断报告	能力诊断报告是企业针对在职人员工作能力和与职位相关的素质开展的测评活动，对被测者的优势与不足进行系统的阐述，目的是针对被测者的特点以及不足，提出个人改进和组织改进建议，报告重点应该围绕这部分撰写，同时还需要提出相应的培训建议等
职业发展报告	职业发展报告的目的是帮助被测者明确其职业兴趣、职业倾向，让企业和被测者分析其未来发展的方向，以及为实现发展目标而需要做出的努力。而测评报告则需要重点分析被测者的职业兴趣、职业倾向以及需要提升的能力素质等内容

（2）测评报告的结构

不同的测评报告包含的内容和结构有所区别，但一些基本项目是应该存在的，下面来逐一了解。

◆ 测评报告基本信息

测评报告基本信息包括被测者的基本信息和测评活动的基本信息。其中，被测者的信息应该显示在测评报告的开头位置，主要有姓名、申请职位或现任职位等，有些招聘测评报告或是内部选拔测评报告还会写上被测者的测评编号、毕业院校、学历、联系方式、政治面貌等信息。

测评活动基本信息包括此次测评的背景、测评目的、任职资格、测评项目、测评指标和测评方法等。下面来看一个具体的示例。

实用范例　××公司人才测评报告模板（节选）

一、人才资料

姓名：_____　　性别：_____　　年龄：_____

申请职位/现任职位：_____

毕业院校：_____　　文化程度：_____

联系电话：_____　　邮箱地址：_____

测试时间：_____年____月____日

二、竞聘岗位任职资格

1. 教育背景：社会工作专业、人力资源行政管理或相关专业大学本科及以上学历。

2. 经验要求：具有两年以上管理岗位工作经验及社会工作经验。

3. 技能与素质要求：

①具有良好的组织协调能力、沟通能力和文字表达能力。

②具有较强的社交能力、判断能力和执行力。

…………

三、测评方案说明

本测评报告各项内容是以"××测评标准"为依据，在人才能力与素质测评专家工作组的指导下，利用科学、系统的测评手段，从知识、技能、个性特征等方面对参加测评人员进行综合、全面、客观、公正的评价，选拔出五名适合××职位的员工。

本测评报告中测评维度有人际导向、领导潜质、团队合作意识、问题解决能力和学习能力，分别通过笔试、面试和情景模拟测试进行测评，具体测评方案内容如下所示。

…………

岗位胜任力分为突出、较强、一般和较弱四个等级，专业水平分为高级、中级和初级三个等级，是对参评人员专业能力和职业素质的测评，可作为公司选拔人才、甄别能力的参考依据。

…………

◆ 被测者的表现及结果

被测者在每个测评项目中的表现是需要详细记录的，报告撰写者就要针对这部分信息，结合评估小组给出的分数、等级等内容，对被测者的表现进行列举和评价。

一般来说，这部分内容可以通过表格或是图文结合的方式呈现，比如根据测评数据绘制出柱状图、多维度雷达图和饼状图等，达到直观的展示效果，再针对图表中的数据分布进行评价。表 2-5 为某企业在进行人才测评时使用的评价表。

表 2-5 人才测评评价表模板

评价方向	评价要素	评价等级				
		1（差）	2（较差）	3（一般）	4（较好）	5（好）
个人基本素质评价	仪容					
	语言表达能力					
	亲和力和感染力					
	诚实度					
	时间与纪律观念					
	人格成熟程度					
	思维逻辑条理性					
	应变能力					
	判断分析能力					
	自我认识能力					
相关的工作经验及经验知识	工作经验					
	掌握的专业知识					
	学习能力					
	工作创造能力					
	所具备的专业知识、工作技能与招聘职位要求的吻合性					
录用适合性评价	个人工作观念					
	对企业的忠诚度					

续上表

评价方向	评价要素	评价等级				
		1(差)	2(较差)	3(一般)	4(较好)	5(好)
录用适合性评价	个性特征与企业文化的相融性					
	稳定性、发展潜力					
	职位胜任能力					
总得分						
评价结果						
建议录用	安排再次面试		储 备			不予录用
	时间:					

◆ 被测者素质基本分析

对于被测者的素质分析主要包括两个部分，一部分是针对优势的分析，另一部分则是针对劣势的分析。

撰写者在这一环节需要对被测者在各个测试项目中的表现，尤其是在某些关键维度的表现，结合岗位素质标准，进行以信息整合为基础的概括性分析，以重要性和与岗位的契合度为顺序，列举出被测者存在的优点与缺点。

这里的优点与缺点其实是相对的，关键在于测评目的和岗位标准，毕竟不同的素质能力在不同的岗位要求下，需求度也是不一样的。为了将这些内容列示清楚，也可以采取图文结合或是图表结合的呈现方式。

下面通过一个具体的示例来了解。

实用范例 人才测评报告中的素质基本分析

一、测评结果

表 2-6 展示的是张××此次测评的得分。

表 2-6 张××的测评得分表

考查素质	维度界定	得分	图示 1~4	4~8	8~10
追求卓越	指对自己有较高的要求，主动向高标准、有挑战性的工作目标奋斗，采取创新的工作方法，希望能获得出色的业绩	6.20		■	
人际导向	指对他人的情绪反应比较敏感，除了正常的工作关系之外，还希望能与他人建立友好融洽的人际关系	7.70		■	
领导潜质	主要考查被测者成为一名领导者的潜质，包括是否果断、是否具有一定的人格魅力、是否有成为领导者的愿望等	4.62		■	
团队合作意识	指与他人一起工作时表现出来的合作意识，表现在信赖别人、配合工作，能够在团队成员的互动中得到成长	5.27		■	
问题解决能力	指在面临困难或问题时的准备状态、实际表现出来的采用策略灵活解决问题的能力，以及此过程中表现出的情绪调控能力	6.71		■	
学习能力	考查被测者的基本能力状况，包括言语理解、逻辑推理、资料分析和问题解决，考查其是否具备进一步提升的能力	5.20		■	

二、基本分析

张××有很强的责任心，这使她在接到上级安排的工作任务时能够认真对待，并负责任地完成。但是，她自发工作、追求卓越的动机却比较弱，对自己的要求也不高……

张××在人际导向方面的表现比较符合要求，与人建立良好合作关系的要求处在中等水平……

在领导潜质上，张××的表现一般，从测评细项的分布上来看，她不太愿意影响或控制别人，而且自信心水平也比较低，不敢直面挑战……

张××具备一定的问题解决能力，在大多数情况之下，她能够提前意识到问题或困难所在，并做好准备……

张××的基本能力处在中等水平，在言语理解方面表现最差，表明她难以理解较复杂的文字材料，将来在工作内容的调整上可以重点考虑不与文字材料打交道的工作……

从忠诚度、诚信度、职业价值观三方面综合来看，张××更看重在工作中实践自己的专业技术才能，其次看重工作的稳定性。张××对公司的忠诚度在中等水平，主要体现在规范承诺上……但应当注意到，张××对公司的感情承诺并不高，而且机会承诺偏高……

◆ 综合建议

综合建议就是撰写者在素质基本分析的基础上，总结出该被测者最为明显的优缺点，并为被测者提出建议，比如推荐建议、工作建议或学习建议。

①推荐建议：如果是招聘测评报告或是选拔测评报告，一般会包含岗位的推荐建议，分为四个等级：非常合适、比较合适、一般、不太合适。

②工作建议：是撰写者对被测者工作过程中应该注意的问题和细节等方面进行的提示。

③学习建议：是撰写者根据被测者的各方面素质差异，对被测者近期和长期的学习目标、学习内容和学习方法提出的意见。

实用范例 李××的测评报告中给出的综合建议

【综合建议】

李××的个人特点非常鲜明，具备不错的管理素质，可以培养。建议考虑他目前的岗位和个人的匹配程度，他目前的各项特点表明需要独立完成、任务导向明确的工作会是他较为擅长的。

李××具备一定的团队管理能力，但是个人更倾向于独立完成工作，带领1~3人的小团队没有问题。如果要安排他管理多人的团队，可以考虑安排较为成熟、工作自主性、独立性较强的下属，避免管理工作成为他的负担，降低效率。

李××目前的管理技能水平还有较大的提升空间，可以安排各种有助于提高管理能力的机会给他，例如培训、实践和上级指导等方式。

……………

（3）测评报告撰写的常用方法

在撰写测评报告时，工作人员只需按照测评报告的一般结构和特殊测评报告要求的其他内容撰写即可。但在写作时，可以遵循一定的要诀和步骤，写出一份直观出色的测评报告。其中，由麦肯锡提出的金字塔写作要诀就十分有效。

金字塔写作要诀在大多数规范性文书写作中，都能够起到较强的辅助作用。金字塔原理认为文章中以正确的方式组织起来的思想（即为要表达的内容）应该形成一个金字塔结构，所有思想分别位于不同的抽象层次上，但互相关联，并且由一个总的主题思想统领。

也就是说，每篇文章的结构都必定只支持一个思想，在其之下的思想越往下越详细，并且都对希望表达的主题思想起着解释和支持的作用，如图2-2所示。

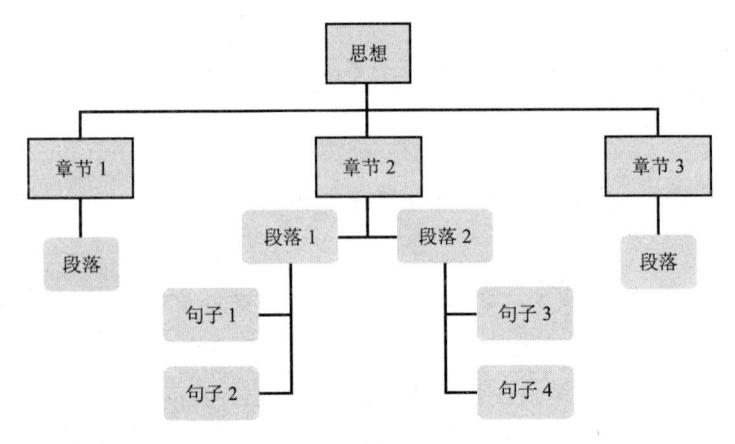

图2-2　金字塔写作要诀

金字塔写作要诀能够帮助人们以书面形式组织和表达思想，适用于确定问题、分析问题的过程。从宏观角度说，金字塔写作要诀可以对整个写作、思考和分析问题的过程进行指导。

在人才测评报告的撰写过程中，工作人员就可以依据金字塔写作要诀，先定下中心思想，即对被测者的测评结果进行分析和总结，再围绕这一思想进行展开，具体步骤可根据图 2-3 展示的进行。

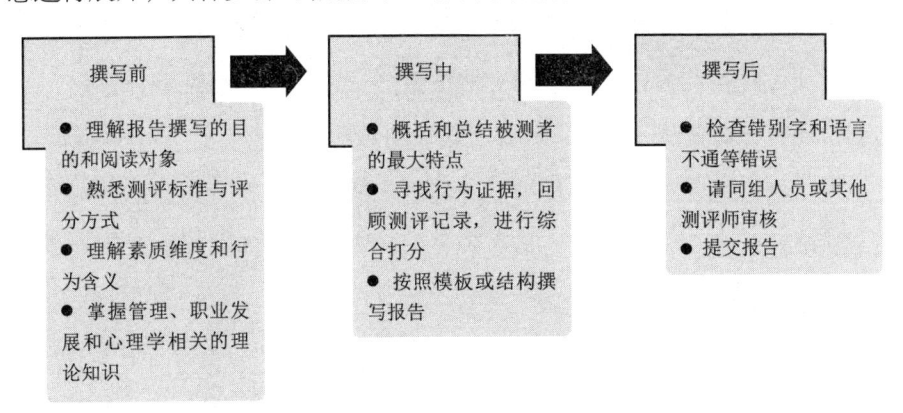

撰写前
- 理解报告撰写的目的和阅读对象
- 熟悉测评标准与评分方式
- 理解素质维度和行为含义
- 掌握管理、职业发展和心理学相关的理论知识

撰写中
- 概括和总结被测者的最大特点
- 寻找行为证据，回顾测评记录，进行综合打分
- 按照模板或结构撰写报告

撰写后
- 检查错别字和语言不通等错误
- 请同组人员或其他测评师审核
- 提交报告

图 2-3　依据金字塔要诀撰写人才测评报告的步骤

2.2　编制人才测评题目的步骤

编制人才测评的题目是一项比较复杂，专业性较强的工作，一般由测评机构或是专业测评师进行，并且通常是团队合作编制。不同的测评形式对应的测评题目编制会有所区别，但整体步骤大致如图 2-4 所示。

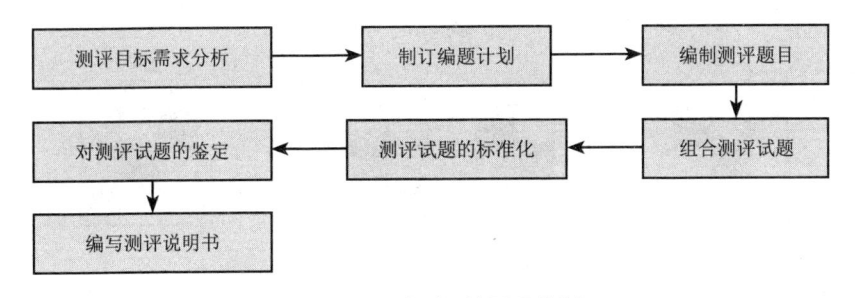

测评目标需求分析 → 制订编题计划 → 编制测评题目

对测评试题的鉴定 ← 测评试题的标准化 ← 组合测评试题

↓
编写测评说明书

图 2-4　人才测评的题目编制

由于每种测评形式对应的测评题目编制要求和注意事项存在差异，更

详细的内容将在后面章节的内容中进行解释和举例，本章主要是帮助相关工作人员梳理整个编制流程，并详解其中的关键步骤。

2.2.1 确定测评题目类型

相信大部分读者都已经知道了测评的对象和目的，而这两项因素不仅决定了测评的形式，还决定了所采用的试题形式、题目的范围和难度。比如笔试测评题目和面试测评题目，选拔性测试题目和诊断性测评题目，人格测评题目和能力测评题目，都存在很大的差异性。

根据测评题目的性质以及用途，又可以将人才测评分为显示性测评和预测性测评两类。相关工作人员在确定测评题目类型时，也需要注意不同测评用途下的试题编制区别。

（1）显示性测评

显示性测评是指测评题目和所要测量的心理特征相似的测验，简单来说，它能够测试出被测者已有的素质状况和各方面的表现。比如成就测验就可以显示出被测者有什么能力，能完成什么任务。

下面来展示一个典型的显示性测评题目。

> **实用范例** 显示性测评题目

一、空间推理能力

1.找出以下这组图形中不同于其他的那一个。（　　）

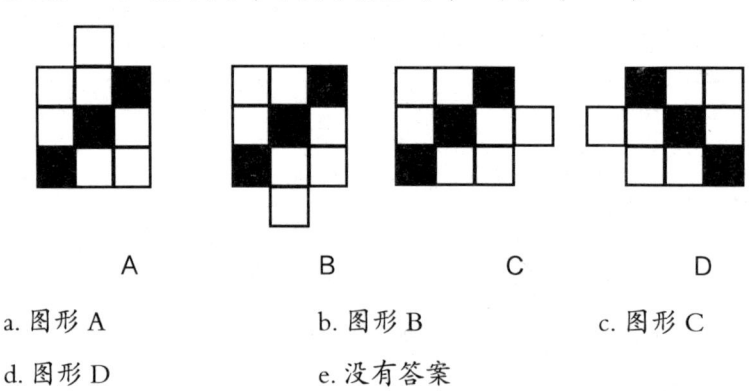

　　　　A　　　　　　B　　　　　　C　　　　　　D

a. 图形 A　　　　　　b. 图形 B　　　　　　c. 图形 C

d. 图形 D　　　　　　e. 没有答案

2. 以下四个图形中哪一个经过旋转无法得到左边那个图形？（　　）

a. 图形 A　　　　　　　　b. 图形 B　　　　　　　　c. 图形 C

d. 图形 D　　　　　　　　e. 没有答案

3. 下方图形中共有多少个长方形？（　　）

a.10～15 个　　　　　　　b.16～20 个　　　　　　　c.21～25 个

d.26～30 个　　　　　　　e.30～35 个

············

二、数理分析能力

1. 公司在 2022 年月均亏损 20 000.00 元，而在 2023 年第一季度则月均盈利 8 000.00 元，问为使这两年的收支平衡，在 2023 年后三季度中月均需盈利多少钱？（　　）

a.18 000.00 元　　　　　　b.24 000.00 元　　　　　　c.27 000.00 元

d.29 000.00 元　　　　　　e.30 000.00 元

2. 从 1 至 100 中，共包含多少个 7？（　　）

a.20 个　　　　　　　　　b.25 个　　　　　　　　　c.30 个

d.32 个　　　　　　　　　e.34 个

3. 一投资者以每股 150.00 元的价格买入一公司的股票 n 股，此后，他以每股 240.00 元的价格卖掉了 60%，剩下的在随后一天又以每股 140.00 元的低价卖出。如果他从这次操作中获得 15 000.00 元的利润，那么他买了多

少股，即 n 等于多少？（　　）

  a.250　　　　　　　　b.300　　　　　　　　c.350

  d.400　　　　　　　　e.500

　　…………

　　三、逻辑演绎能力

　　1.这块麦田今年增产，或者是因为选用了优良品种，或者是由于田间管理搞得好，或者由于化肥用得多。但这块麦田今年确实选用了优良品种，所以：（　　）

  a.这块麦田今年增产并不是由于田间管理搞得好

  b.这块麦田今年增产并不是由于化肥用得多

  c.这块麦田今年增产肯定是化肥用得多，并且田间管理搞得好

  d.这块麦田今年增产可能是化肥用得多，或田间管理搞得好

  e.以上都不对

　　2.事物发展的根本原因，不是在于事物的外部，而是在于事物内部的矛盾性，任何事物内部都有矛盾性，因此：（　　）

  a.任何事物都处在不断的运动和发展之中

  b.有一部分事情可以处于静止状态

  c.处于运动和发展中的事物都以同样的速度向前进

  d.当一个社会处于封闭状态时，这个社会就是一个静止的社会

  e.以上都不对

　　…………

　　（2）预测性测评

　　预测性测评即预测一些没有被测量的行为，简单来说，就是预测当前无法被准确衡量的能力或素质，或是预测一个人在不同情景下可能发生的行为。比如被测者的成长性、创新能力、素质提升高度、未来可能达到的成就、将来在工作中的表现等。

　　下面通过具体的题目来了解预测性测评是怎样出题的。

实用范例 预测性测评题目

1. 如果我能到一个新的环境，我要把生活安排得：（　　）
   a. 和从前相仿　　　　　　b. 不一定　　　　　　c. 和从前不一样

2. 在和人争辩或工作出现失误后，我常常感到沮丧、精疲力竭，而不能继续安心工作。（　　）
   a. 不是的　　　　　　　　b. 介于 a、c 之间　　　c. 是的

3. 我常常被一些不重要的小事困扰。（　　）
   a. 不是的　　　　　　　　b. 介于 a、c 之间　　　c. 是的

4. 当一件事需要我做出决定时，我常觉得很难。（　　）
   a. 不是的　　　　　　　　b. 偶尔是　　　　　　　c. 是的

5. 无论什么事情，要我发生兴趣，总比别人困难。（　　）
   a. 不是的　　　　　　　　b. 偶尔是　　　　　　　c. 是的

6. 我认为，合逻辑、循序渐进的方法是解决问题的最好方法。（　　）
   a. 不是的　　　　　　　　b. 偶尔是　　　　　　　c. 是的

7. 在解决问题时，我常常单凭直觉来判断"正确"或"错误"。（　　）
   a. 不是的　　　　　　　　b. 偶尔是　　　　　　　c. 是的

8. 在解决问题时，我较擅长于分析，而不太擅长于综合。（　　）
   a. 不是的　　　　　　　　b. 偶尔是　　　　　　　c. 是的

　……

2.2.2　制订编题计划

编题计划就是指导整个编制流程的蓝图，其作用相当于策划测评活动时的测评方案。

在编题计划中，有几项内容是需要提前明确的，包括测评目的、测评形式、测评项目等。这些信息应当被放在整个编题计划的前面部分，防止在题目编制过程中偏离主题。

另外，还要设计各个测评项目的权重分布。一般来说，要制定有针对

性的测评题目，而内部项目的侧重程度根据测评目的和测评对象的不同会有差异。

比如针对企业行政管理人员的测评题目，更侧重于管理能力和统筹能力，在有关这些要素的测评项目上权重分布就要大一些；针对技术人员的测评题目，则更侧重于专业技术的掌握程度，在设计这部分测评题目时需要更加用心，权重也会更大。

编制人员为明确各个项目的权重分布，或是每个项目得分所占的百分比，可以利用表格或是图示来进行更直观的展示，既方便编制团队制定评分标准，也方便评估人员进行评级和深入分析。

下面展示某公司人才测评题目编制团队设计出的测评项目权重分布表，具体见表2-7。

表2-7 测评项目权重分布表

测评项目	权重	测评要素	评分标准			
结构化面试	30%	综合分析能力、仪表风度、情绪控制能力、应变能力和动机匹配性等	16~20（优秀）	11~15（较好）	6~10（较差）	0~5（很差）
无领导小组讨论	10%	组织行为能力、洞察力、倾听、说服力、感染力、团队意识、成熟度	9~10（优秀）	6~8（较好）	3~5（较差）	0~2（很差）
知识测试	20%	专业知识、管理知识、管理技能	16~20（优秀）	11~15（较好）	6~10（较差）	0~5（很差）
职业倾向测验	5%	个性、动机、价值观、职业倾向	12~15（优秀）	8~11（较好）	4~7（较差）	0~3（很差）
案例分析	15%	分析能力、逻辑思维能力、独创性、说服能力	12~15（优秀）	8~11（较好）	4~7（较差）	0~3（很差）

续上表

测评项目	权重	测评要素	评分标准			
管理人员个性测验	10%	正性情绪倾向、负性情绪倾向、乐群性、责任心、广纳性、内控性、自控性、自信心、成就动机、权力动机、面子倾向	9~10（优秀）	6~8（较好）	3~5（较差）	0~2（很差）
角色扮演	10%	表达沟通能力和处理人际关系的能力、思维反应的敏捷程度、客户服务意识、组织和计划能力、人事管理能力、领导力以及影响力等	9~10（优秀）	6~8（较好）	3~5（较差）	0~2（很差）

2.2.3 开始编制题目

编制测评题目是整个流程的核心阶段，在进行了上述的一系列工作后，编制人员就可以根据编题计划开始着手编制题目了。但编制测题并不是盲目的，整个编题流程大致可以分为三个步骤，下面来逐一了解。

（1）资料素材收集

对于大部分编制人员，尤其是不专业的编制人员来说，在不收集资料的前提下编制测题显然是很容易出现差错的，不仅可能导致编制流程混乱，还有可能使得编制思路逐步偏移，脱离原本的主题，达不到最终希望的测评目的。因此，事先进行测评资料和素材的收集是很有必要的。

至于收集的资料类型，就主要取决于测评目的和测评对象了，比如针对财务职位编制的测评题目，就要在财务知识方面更加侧重，专业性也需要足够强，才能有效评估出被测者的专业水平。

对于需要普遍使用的测评项目，比如心理测评、人格测评等，就可以参考已有的理论和测评方式。

常见的有职业性格测试、霍兰德人格与职业兴趣测试、大五人格测试（the big five）、卡特尔人格测试（16PF）、九型人格测试等，但要注意实用性。

（2）合适的编制方式与原则

编题人员要对不同的测评题目进行相对合理的编排，也就是说要根据测评的目的与性质，考虑到被测者的作答心理和反应方式，以及测评题目格式的类型和难度。

测评题目的编排主要有两种方式，下面通过图 2-5 来了解。

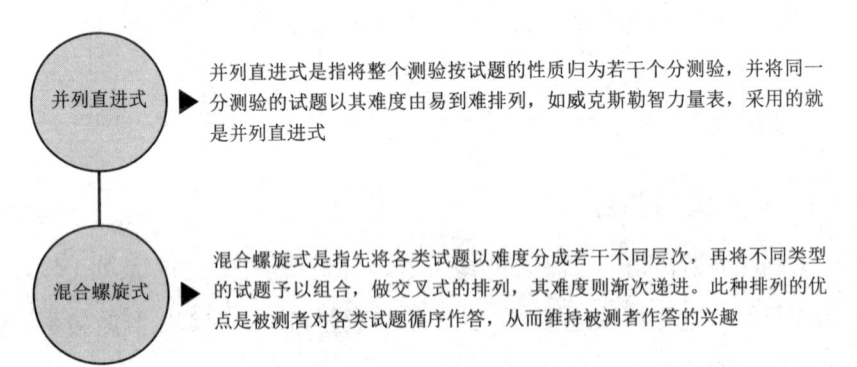

并列直进式：并列直进式是指将整个测验按试题的性质归为若干个分测验，并将同一分测验的试题以其难度由易到难排列，如威克斯勒智力量表，采用的就是并列直进式

混合螺旋式：混合螺旋式是指先将各类试题以难度分成若干不同层次，再将不同类型的试题予以组合，做交叉式的排列，其难度则渐次递进。此种排列的优点是被测者对各类试题循序作答，从而维持被测者作答的兴趣

图 2-5　测评题目编排的两种方式

在进行测评题目编排时，还需要注意一些基本原则，如图 2-6 所示。

测评题目难度逐渐上升 ▶ **组合同类型测评题目** ▶ **注意不同测评题目的特点**

将简单的题目设置在前面部分，有助于被测者放松心情，建立信心，从而更快进入测试状态。同时，也能有效避免测评者将大量时间浪费在难题上

同一种类型的题目编排在一起，可以方便被测者使用同种答题方式作答，评估人员打分和评级也更便捷

注意不同测评题目的特点是很重要的，编制人员要避免将易产生混淆的题目安排在一起。比如单选题和多选题就不能放在一起，防止误导被测者。开放回答问题的位置也要留足够的空间，保证被测者的发挥

图 2-6　测评题目编排的基本原则

(3)确定对应的评价标准

在题目大致编制完成后,编制人员就要根据已有的题目形式、难度和测评目的确定对应的评价标准。一般来说,评价标准可以是分数,也可以是等级,还可以是排名,主要取决于测评目的如何。

评价标准的制定应当遵从直观、便捷、客观、公平、权重分布合理等原则,避免因为评价标准不合理导致测评结果出现较大误差。

下面通过表 2-8 来看看某企业管理人员测评标准模板。

表 2-8 企业管理人员测评标准模板

测评项目	标准	测评要素	差	中	良	优
素质结构	品德	团结协作	不能	勉强	能够	主动
		谦逊求实	骄作浮夸	随大流	愿学习能实干	虚心好学实干苦干
		如实反映情况	欺上瞒下见风使舵	不够如实	一般	主动积极实事求是
	责任心	守职尽责	敷衍塞责	不太尽责	相当尽责	非常尽责
		敢挑重担	推卸回避	勉强承担	能承担	主动抢挑
	工作态度	劳动纪律	经常违反	偶有违反	能遵守	自觉维护
		勤勉性	懒散怠工	需要督促	一般	主动勤奋
智力结构	学识水平	专业知识	浅薄无学	尚能掌握	勤求知晓	精通钻研
		知识面	狭窄	一般	较广	广博
	判断分析	周密性	主观片面	有些片面	较全面	全面深入
		敏感性	麻木不仁	反应迟钝	反应一般	反应灵敏
		预见性	没有	很少	有一些	有
		辨别能力	模糊	较模糊	较精明	精明
		准确性	经常出错	时有差错	基本正确	准确令人信赖

续上表

测评项目	标准	测评要素	差	中	良	优
能力结构	专业能力	本职经验	无	较少	有经验	丰富
		专业技能	不会	不熟练	基本掌握	熟练度高
	处事能力	原则性	差	较差	较强	强
		灵活性	死板	不灵活	较灵活	审时度势处事自如
		协调性	不会	一般	较好	善于
	组织能力	归纳性	差	较差	有	较强
		条理性	紊乱	较紊乱	较清楚	清楚
	创造能力		因循守旧	安于现状	尚能创新但不多	善于创新勇于实践
	口头表达能力		词不达意干巴啰唆	较差	一般	熟练、准确、生动
绩效结构	工作效益		低	较低	较高	高
	技术效果		差	较差	较好	好
	经济效益		差	较差	较好	好

2.2.4 对测验的鉴定与说明书编写

测评题目编制完毕后就要对其有效性进行鉴定，其中最关键的就是对信度和效度的检验。

在第1章已经介绍过，信度是衡量测量工具质量的一个重要指标，可以用于判断测量结果是否可以被认为是与被测者一致、稳定和真实的行为表现。

衡量的标准就是信度指数或是信度系数，信度系数越高，测评题目的有效性就越高。不过，不同的测评形式或测评工具对信度系数的高低要求不同，这一点需要特别注意。

下面通过表2-9来看不同测评形式的信度系数高低。

表2-9 不同测评形式的信度系数高低

测评形式	信度系数		
	低	中	高
职业倾向性测评	0.26	0.88	0.96
人格测评	0.46	0.85	0.97
成就测评	0.66	0.92	0.98
能力测评	0.56	0.90	0.97
兴趣测评	0.42	0.84	0.93

除了信度以外，效度也是一个关键指标，它可以反映测量结果的准确性，同样可以通过效度高低来衡量测评题目的有效性。下面通过表2-10来看不同的测评形式的效度对比。

表2-10 不同测评形式的效度系数高低

测评形式	效度	测评形式	效度
评价中心	0.43	结构化面试	0.62
同行评定	0.49	绩效测评	0.41
一般智力测评	0.49	个人履历资料法	0.40
工作样品	0.54	个性测评	0.38
特殊能力测评	0.27	非结构化面试	0.31
学业成绩	0.14	申请表	0.13
身体能力	0.30	行为性面试	0.40
自我介绍	0.15	非行为性面试	0.23
面谈	0.09	推荐信	0.23

在完成信度和效度的检验后，为了使设计出的测评题目能合理地实施和使用，在正式测评题目编写完成后，还应编制一份测评说明书，或者说是测评指导手册。

专业的测评说明书中应当包含以下内容：

①测评的目的、作用和适用范围。

②测评的内容、选择题目的依据。

③测评的实施方法、时限及注意事项。

④标准答案与评分方法。

⑤测评常模或测评标准以及对应的分数转化表。

⑥信度、效度资料。

如果是面向被测者编制的测评说明书，就没有必要附加那么多的专业内容，只要将测评目的、考核范围、题目形式、数量、作答方式与时限等信息告知清楚即可。

测评说明书与人才测评方案的内容比较相似，但对测评题目和形式的解释更为详细。有些测评说明书中还附有模拟试题，目的是使被测者心中有数，缓和紧张焦虑情绪。

下面来看××公司编制的测评指导手册中包含哪些内容。

实用范例 ××公司人才测评指导手册（节选）

一、测评目的

通过人才素质测评的知识考试、面试、标准化的心理测验和评价技术中心等一系列环节，全面地获取应聘人员信息，招聘两名合格的符合公司要求的地区销售经理。

二、岗位说明

地区销售部经理，管理地区公司的销售运作，带领销售队伍完成公司的销售计划和销售目标。

1. 工作内容

根据本区域市场发展和公司的战略规划，协助销售总监制定总体销售战略、销售计划及量化销售目标；制定全年销售费用预算，完成公司下达的销售任务……

2. 任职资格

教育背景：市场营销专业或相关专业本科以上学历。

培训经历：受过市场营销、产品知识、产业经济、公共关系、管理技能开发等方面的培训。

经验：五年以上企业销售管理工作经验。

……

三、测评内容与方法

1. 履历分析

个人履历档案分析是根据履历或档案中记载的事实，了解一个人的成长历程和工作业绩，从而对其人格背景有一定的了解……

2. 纸笔考试

纸笔考试主要用于测量人的基本知识、专业知识、管理知识以及综合分析能力、文字表达能力等素质及能力要素……开放式题目15道，考试时间60分钟。

3. 心理测试：问卷法

心理测试是通过观察人的具有代表性的行为，对贯穿在人的行为活动中的心理特征，依据确定的原则进行推论和数量化分析的一种科学手段……选择题34道，二选一20道，开放式题目3道，论述题2道，考试时间60分钟。

4. 面谈：深度访谈方法

面试是双方面对面的观察与交谈过程，通过这种方式，测试者能够收集有关被试者的信息，进而评估其素质状况、能力特征以及动机的一种人事测量方法……10道问题，每题回答时间在15分钟内。

5. 情景模拟：无领导小组讨论法

情景模拟是通过设置一种逼真的管理系统或工作场景，让被试者参与其中，按测试者提出的要求，完成一个或一系列任务……讨论问题两题，每题30分钟。

附件一：纸笔考试题目

1. 你对自己的职业目标是如何设定的？如何实现？

2. 您的缺点或不足是什么？谈谈你工作中一次成功的经历，得到了什么经验？

……

附件二：问卷法题目（心理测试）

1. 三个人正在谈话，他（她）们正在谈论什么呢？请选择一个与你所想到的最接近的答案。

A. 上个星期天看球赛的事情

B. 公司里有关领导的谣传

C. 有关同一个办公楼的女职员的谣言

D. 今天晚上要打麻将的事

…………

附件三：深度访谈方法题目（面谈）

…………

附件四：无领导小组讨论法问题

…………

2.3 建立人才测评指标体系

建立人才测评指标体系的关键在于将不易准确测评的能力素质通过一系列具体的指标展现并衡量，形成统一的评价标准，避免因为测评者的价值观、思想或是测评角度的不同导致的结果差异，尽量实现人才测评的准确化和客观化。

2.3.1 人才测评指标体系概述

人才测评中的指标是指用来反映素质测评对象的品质特征或数量特征的具体名称，简单来说，它是衡量和评价与工作有关的个人素质的维度，这与社会经济等统计学中的指标概念有所不同。

人才测评指标体系就是由一群特定组合、彼此间相互联系的测评指标组成，每个测评指标又保留了自己的独立性，能够帮助测评者在统一的标准下对被测者的素质能力进行综合评判。

不同的测评指标在性质方面也有所不同，比如有些指标是用于测量任职资格的，有些指标则是用于测量胜任能力，还有一些则是二者兼有，下面通过表 2-11 来看一些常见指标的性质。

表 2-11 常见测评指标的性质

测评类别	具体指标	指标性质
选拔测评	外部招聘	任职资格 / 胜任能力
	内部竞聘	任职资格 / 胜任能力
	内部晋升	任职资格 / 胜任能力
培训开发测评	培训需求分析	任职资格
	制订培训计划	任职资格
	能力训练	任职资格 / 胜任能力
	领导力开发	胜任能力
绩效测评	绩效评估	任职资格 / 胜任能力
	绩效改善计划	任职资格 / 胜任能力
人力资源规划测评	继任者计划	胜任能力
	后备干部评估	胜任能力
	干部素质盘点	任职资格
	岗位轮换	任职资格
其他测评	团队配置诊断	胜任能力
	部门绩效诊断	胜任能力

2.3.2　测评的要素与标准

测评要素是测评内容的细化和分类，测评指标的分级就蕴含在测评要素的细分之中。举个简单的例子，意愿类素质是一级测评指标，意愿类素质中包含的职业规划就是二级测评指标，职业规划中包含的兴趣倾向就是三级指标，以此类推。下面来看测评指标分级与常见的测评要素、测评内容之间的关系，见表 2-12。

表 2-12　测评指标分级与测评要素、内容间的关系

一级指标	二级指标	三级指标
测评要素	测评维度	测评内容
基本素质	判断分析	预测能力
基本素质	学识水平	知识面
基本素质	学识水平	专业知识
基本素质	判断分析	辨别能力
基本素质	判断分析	分析能力
基本素质	心理特性	职业倾向
基本素质	心理特性	工作兴趣
工作能力	专业能力	本职经验
工作能力	专业能力	知识技能
工作能力	处事能力	沟通能力
工作能力	处事能力	协调能力
工作能力	处事能力	创造能力
工作能力	管理能力	领导能力
工作能力	管理能力	决策能力
工作能力	组织能力	归纳能力
工作能力	组织能力	逻辑推理能力

当然，测评指标的级别和测评要素、测评维度以及测评内容并不一定是逐一对应的。测评指标体系其实很复杂，不同的测评要素之间的分类也不会都如此清晰。因此，人力资源部门在建立测评指标体系时，要根据实际情况来进行处理。

从表 2-12 中也可以看出，在测评要素之下，还进一步细分为测评维度和测评内容。而测评指标中除了包含测评要素以外，还包含了测评标准，通过图 2-7 能够将整个结构看得更清楚。

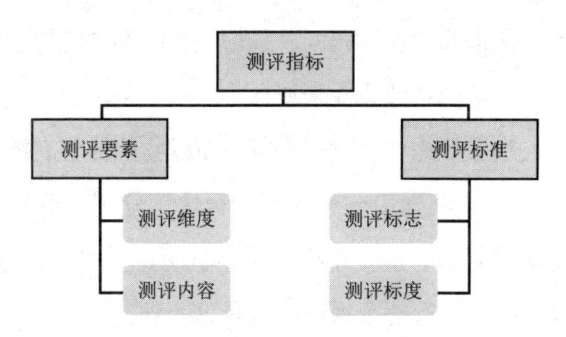

```
            测评指标
           /        \
       测评要素      测评标准
        |              |
      测评维度       测评标志
        |              |
      测评内容       测评标度
```

图 2-7　测评指标之下包含的内容

测评标准是衡量测评要素的尺子，便于对测评对象进行比较与评定，包含测评标志和测评标度两大部分。

（1）测评标志

测评标志是对每一个测评要素的关键性特征的描述或界定。举个简单的例子，针对测评要素"问题解决能力"的测评标志，就是在面临困难或问题时的准备状态、实际表现出来的采用策略灵活解决问题的能力，以及此过程中表现出的情绪调控能力。

（2）测评标度

测评标度指的是描述测评要素或要素标志的程度差异以及状态水平的度量。比如针对测评要素"问题解决能力"的测评标度，就可以自下而上设置"很差、差、一般、较好、好、优秀"等标度，也可以设置 0～2、3～5、6～8、9～11、12～14、15～17 等评分标度。也就是说，测评标度既能用模糊的语言来描述，也能用精准的分数来衡量。

注意，在测评指标体系中，每一个测评要素都需要设置对应的测评标志和测评标度，才能达到统一评价的目的。

2.3.3　人才测评指标体系建立流程

人才测评指标体系的建立是一个比较系统化，也比较复杂的过程，通常需要一个专家团队通力合作和研究，经历较长时间才能建立完成。对于大部分没有相关专业人员的普通企业来说很难实现，不过也可以将这项工作交给外部测评机构，自己只需要对测评指标体系建立的流程有所了解即可。

测评指标体系建立流程主要分为四大板块，分别是确定、分析、分解测评要素；确定测评标准；确定指标权重；试用、反馈、调整。

下面通过图2-8来了解每个板块中的具体步骤。

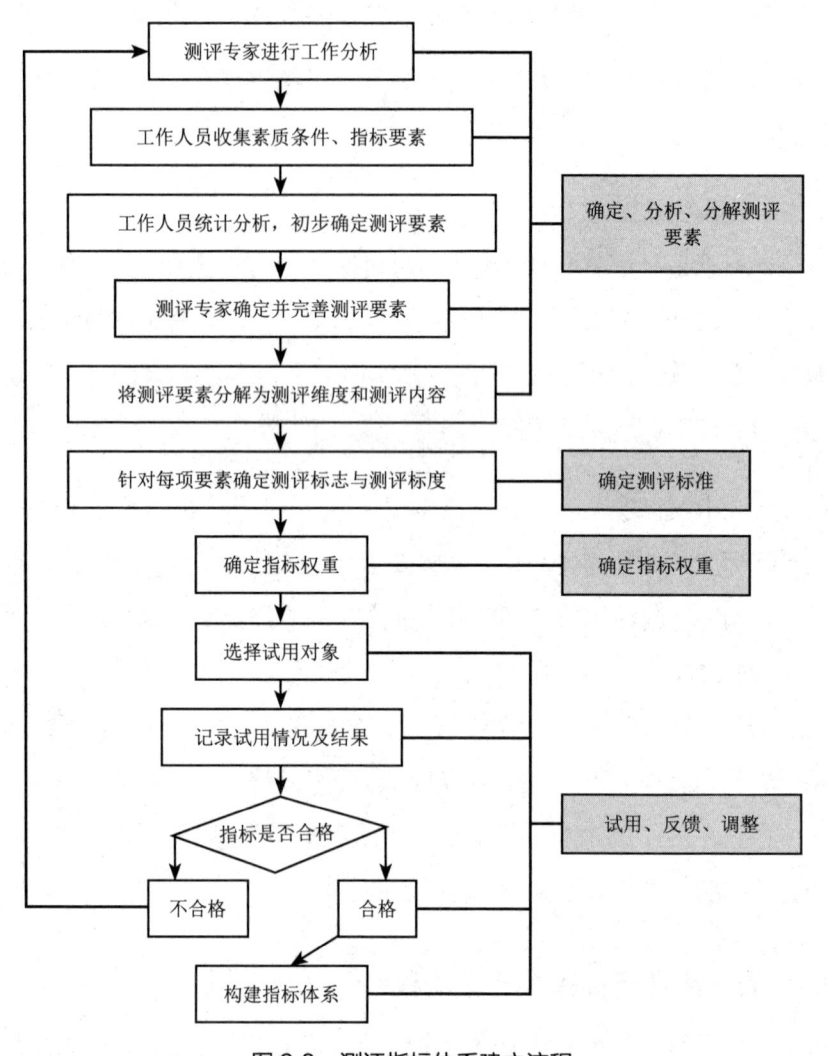

图2-8 测评指标体系建立流程

2.3.4 确定测评指标的方法

测评指标的确定是建立测评指标体系的重要一环，研究人员需要将测评要素分解开来，并将其转化为可以操作的指标。这就涉及测评指标的确定方法，常见的有工作分析法、素质结构分析法、价值分析法、文献查阅法等，下面通过表 2-13 来大致了解。

表 2-13 确定测评指标的方法

方 法	含 义
工作分析法	工作分析法是指采用科学的方法收集工作或岗位信息，包括工作内容、工作时间、岗位任职资格、岗位职责和专业素质要求等。通过分析与综合这些收集到的信息，找出主要测评因素，再对筛选出的主要测评要素进行测试或咨询专家，为工作评价、员工录用以及测评指标的确定等活动提供依据
素质结构分析法	素质结构分析法指的是从测评对象的素质结构本身入手，确定素质测评的关键测评要素，随后在其基础上细分出测评指标。在实际测评过程中，这种方法十分常见，因为其对测评指标的规定更为细致、具体，并且有很强的针对性
标杆分析法	标杆分析法也叫榜样分析法，首先依据测评目的与对象的特征来选择素质最强、最有代表性的典型榜样，选择适当的分析方法，对榜样进行透彻全面的分析，找出最主要的特征以及最客观的标志，随后将其他测评对象与之进行对比，找出不足之处，确定测评要素和指标
培训目标概括分析法	培训目标概括分析法提供的是一种资料收集的途径，相关人员如果经过许可，可以在各类组织人员培训机构的培训目标中找到各种各样的素质培养的素材，其中就包含了许多关于测评指标的内容，可以作为参考
价值分析法	根据各种素质在实际工作中的作用和重要性，价值分析法将其划分为非具备不可、非常需要、需要但要求不高三大类，相关人员可以以此次测评的对象和目标为依据，依次找出与这三大类素质相符的测评要素，最后形成相应的指标
文献查阅法	文献查阅法与培训目标概括分析法有些类似，都是通过收集资料的方式达到确定测评指标的目的。不过，文献查阅法是通过查阅相关学科的专业文献资料，来总结出所需要的测评要素。文献的查阅途径非常多，许多官方文献网站也给出了很多数据和资料

续上表

方　法	含　义
历史概括法	历史概括法指的是将历史上有记录、被证明有效的测评要素收集起来，其中包括了成功的，也包括了失败的。将这些测评要素通过一定的手段转化为正向测评指标和反向测评指标，就能够为测评指标体系的建设和完善提供一定的助益
专家调查法	专家调查法指的是邀请一些专业素质较强的研究专家，集合开展研讨大会，独立发表意见与建议，对测评指标的确定进行充分讨论，最后综合讨论结果，得出尽量合理的确定方案
典型资料分析法	典型资料分析法是将以前采用过的测评方案或使用过的测评指标、测评要素等资料汇集起来，进行深入研究和分析，并以此作为参考，确定出适合此次测评的指标
胜任力特征分析法	胜任力特征分析法指的是通过调查研究，确定与工作相关的，能区分优秀绩效与普通绩效的能力素质，将其作为岗位标准或是必要测评要素，以此开展测评指标的细化研究

2.3.5　测评指标的权重

在不同的测评对象和测评目的下建立的测评指标体系中，各个测评指标会有不同的地位与作用。因此，要根据各测评指标对测评对象素质反映的程度，恰当地分配与确定权重。

大部分读者应该都明白权重的含义，而人才测评指标体系中的权重是指测评指标在测评体系中的重要性，或测评指标在总分中应占的比重，如果用数量表示，就是加权权数。

其关系可以用如下的公式来解释：

$$X = P_1 X_1 + P_2 X_2 + \cdots + P_n X_n$$

其中，X 为各测评指标在加权后的综合得分，X_n 为各测评指标的原始得分，P_n 为各测评指标的权重（加权权数）。

一般来说，权数的形式有两种，具体如下所述。

①绝对权数。绝对权数也叫自重权数，指的是将整体评分按比例分配到不同的测评指标上，一般为绝对数量。举个简单的例子，一张试卷的总分为 100 分，选择题和议论题各占 50 分，这表示每种题型都被赋予了 50 分的绝对权数。

②相对权数。相对权数指的是依据测评指标体系中各部分指标相对总体的重要程度，被赋予不同百分数或是百分比，是一种相对的数量，权数总和等于 1。

而权重的分配形式主要有三种，分别是纵向加权、横向加权和综合加权，其含义和作用如图 2-9 所示。

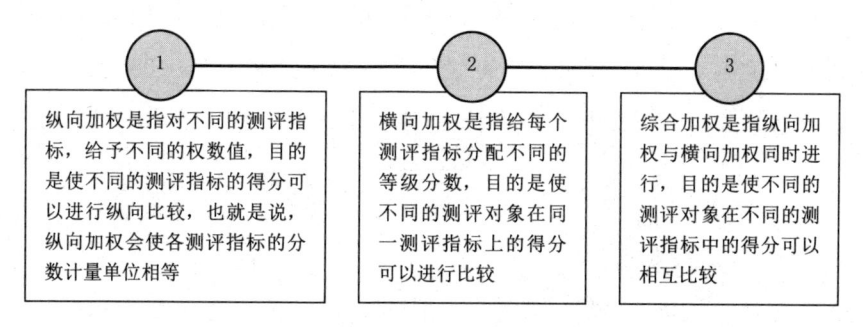

1	2	3
纵向加权是指对不同的测评指标，给予不同的权数值，目的是使不同的测评指标的得分可以进行纵向比较，也就是说，纵向加权会使各测评指标的分数计量单位相等	横向加权是指给每个测评指标分配不同的等级分数，目的是使不同的测评对象在同一测评指标上的得分可以进行比较	综合加权是指纵向加权与横向加权同时进行，目的是使不同的测评对象在不同的测评指标中的得分可以相互比较

图 2-9　权重分配形式

那么，各测评指标的权重应该如何确定呢？其实方法非常多，每种方式适用的情况也有区别。

（1）德尔菲法

德尔菲法也被称为专家咨询法或专家调查法，具体是指聘请有关专家，在不知晓他人意见的情况下提出对权重设置的方案，然后通过信息的不断反馈和修正，使得专家的意见趋于一致，最终得出一个集众人思想的，较为合理的权重分配方案。这种方式能够很好地集思广益，但在科学性上有所欠缺。

(2)层次分析法

层次分析法是对一些较为复杂、较为模糊的测评指标确定权重的方法。在使用层次分析法之前,需要把测评指标进行层次分级,在同一层次上根据 Saaty 相对重要性等级表进行两两比较,列出矩阵后计算出每项指标的相对优先权重。

(3)多元分析法

多元分析法是指利用多元分析中的因素分析、主成分分析以及多元回归分析,来计算各个测评指标的权数。

这种权重确定方式的科学性和客观性比较强,但正是如此,其操作难度也相对较高,对相关人员的专业性要求相当高,至少要精通多元分析。一般来说,多元分析法在专门的测评机构中会使用,一般企业就无须如此了。

(4)主观经验法

主观经验法很好理解,就是利用研究人员自身的经验来权衡每个测评指标的重要性,直接进行加权。这种方式简单便捷,但受主观影响较大。因此,相关人员在使用主观经验法时,需要注意以下三大原则。

①合理性。权重分配要合理反映测评对象的素质结构,防止因权重分配不当导致测评结果脱离实际或产生较大偏差。

②变通性。在主观经验下的权重分配没有硬性规定,一切为客观实际服务,研究人员在某些方面可以进行一定的灵活变通。

③权数归一性。在分配权重时,一定要注意权数的归一性,如果是绝对权数,权数加总后需要等于总分或总数量;如果是相对权数,加总后就要等于1。

(5)对偶分析法

对偶分析法是一种相对的权重分配方式,指的是将两个测评指标进行对比，若甲指标的重要性比乙指标高得多，那么就将大部分权重分配给甲指标；若甲指标的重要性与乙指标相当，那么两项指标的权重分布就比较平均了。

（6）比较加权法

比较加权法使用时需要找出整个测评指标体系中权重分布最小的一个指标，随后将其他指标与其进行对比，在其权重基础上加倍，最后进行归一化处理，得出各个测评指标的权重分布。

第3章

确定方案：选择恰当的测评方法

根据测评目的、测评对象等因素的不同，测评方法被细分成了数十种，每一种方法都有一定的针对性。人力资源部门需要做的就是学会分辨和选择合适的测评方法，并将其合理应用到实际工作之中。

3.1 情景性综合测评方法

情景性综合测评方法是一种很受欢迎的测评方法，相较于传统的笔试答题、面试答辩等方式，情景性综合测评的方式更加灵活有趣。它既能为被测者创造更多的发挥空间，也能让评估人员从更多方面了解被测者的综合素质，比如表达能力和说服能力等，这些素质单靠笔试或普通面试是很难完全了解的。

因此，许多企业已经开始采用传统测评方法与情景性综合测评方法相结合的方式进行人才测评活动，取得的效果也很不错。下面就来看看情景性综合测评方法有哪些，又都具有怎样的特点。

3.1.1 情景判断测验

情景判断测验模拟的是生活中或工作中实际发生过或是可能发生的情景，同时还会安排一些与当前情景相关的行为反应，以及需要被测者做出判断的情况。被测者在对模拟的场景做出判断、评价和分析后，评估人员就会针对被测者的选择或表现进行评估。

理论看起来似乎有些难以理解，但举个例子就明白了。

实用范例 可供选择的情景判断测验题目

【情景】你正打算给一位正在你的窗口前办理业务的客户推荐你们银行的一项新业务，该客户很难在第一时间做出决定，你们正谈得很投机，但是排在后面的客户明显已经不耐烦了。

【提问】在这种情景下，你会怎么做？

【选项】A. 让第一位客户思考一下，稍后再谈，接待第二位客户。

B. 请前面的客户尽快考虑好，给出答复，再继续接待后面的客户。

C. 继续与第一位客户沟通，待他作出决定后，继续接待后面的客户。

以上案例是一种以文字为载体的情景判断测验题目，无论是情景的描述还是提问和选项，都是以文字呈现的。除此之外，还有两种其他的情景测验题目，即口述、录音和录像的方式。

口述的情景判断测验常常在面试过程中使用，面试官一般也会给出两种或多种选择方案供被测者选择。而录音、录像的方式则不太常见，但也是一种很有效的测验方式，毕竟被测者能够从录音、录像中获得更多的信息，包括当事人的情绪、个性、事件发生的完整过程等，不过，前提是录音、录像的内容足够真实、客观、完整，不断章取义。

实用范例 录音方式的情景判断测验题目

【情景】一位投资者购买了理财经理推荐的基金产品后，发现产品走势低迷，自己投进去的资金不增反减，于是打电话向理财经理抱怨。

【电话录音】

投资者：你给我推的基金怎么回事？怎么一直在跌啊？

理财经理：请问是哪一只基金呢？您报个代码我立刻去看看情况。

投资者：代码是×××××，名字叫×××。

理财经理：好的，请稍等……您好，我已经看到了这只产品的情况，是这样的，这是一只长期持有基金，并且与大盘走势关联性比较强，目前市场走势也比较低沉，这只基金会出现这种下滑情况是很正常的。

投资者：你说这么多我也不懂，当初给我推荐的时候可是说了可以赚钱的，现在这个样子不亏就不错了，你当初是不是拿我冲业绩呢？

理财经理：当然不是的！基金产品的涨跌不是我们能决定的，我们当初只是预测这只产品长期来看可能会有比较好的表现，才向您推荐的，但并没有向您保证一定能买了立马就有收益啊！

投资者：谁知道你们怎么想的，我不管，现在跌成这样，你必须给我个说法！

…………

【提问】假如你是那位理财经理，面对投资者的诘问和怒气，你该怎么应对？

【选项】A.继续向投资者解释，尽量安抚其情绪，直至其发泄完全。

B. 先安抚投资者，然后向基金公司反馈并找到基金下跌的内因后，再联系投资者进行解释。

C. 为投资者提供基金公司联系方式，让投资者直接询问基金公司。

从这两个案例中，相信读者也能看出情景判断测验的一些特点。最明显的一点就是情景模拟性很强，其次就是在提问后，一般只会给出一些限定的选项，被测者只需选择出最符合自身分析结果的答案即可。

除此之外，情景判断测验还有操作简便、测量效度高两大特点。测量效度高很好理解，也就是情景判断测验的有效性较高。而操作简便主要指的是评估人员对被测者的打分或评级简单，毕竟很多情景判断测验的每个选项都有对应的赋分，评估人员只需汇总打分即可。

那么，情景判断测验的题目要如何设计，其中又包含了哪些内容呢？下面通过图 3-1 来展示。

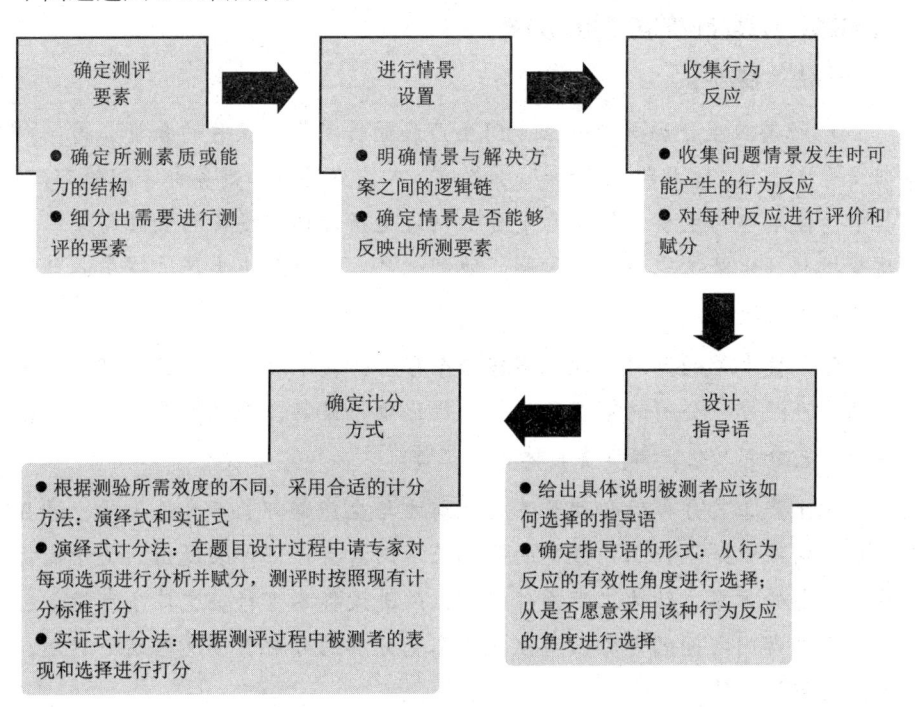

确定测评要素
- 确定所测素质或能力的结构
- 细分出需要进行测评的要素

→

进行情景设置
- 明确情景与解决方案之间的逻辑链
- 确定情景是否能够反映出所测要素

→

收集行为反应
- 收集问题情景发生时可能产生的行为反应
- 对每种反应进行评价和赋分

↓

设计指导语
- 给出具体说明被测者应该如何选择的指导语
- 确定指导语的形式：从行为反应的有效性角度进行选择；从是否愿意采用该种行为反应的角度进行选择

←

确定计分方式
- 根据测验所需效度的不同，采用合适的计分方法：演绎式和实证式
- 演绎式计分法：在题目设计过程中请专家对每项选项进行分析并赋分，测评时按照现有计分标准打分
- 实证式计分法：根据测评过程中被测者的表现和选择进行打分

图 3-1　情景判断测验题目的设计与内容

3.1.2 角色扮演测评

角色扮演依旧是一种情景模拟测评法，主要是根据被测者竞争的岗位或是可能担任的职务，编制出一系列与实际工作相关联的测评项目，将被测者安置在这种模拟工作环境中，用各种问题或困难来测试被测者的心理素质、问题解决能力、团队协作能力和沟通表达能力等素质。

在角色扮演的题目或方案中，应当包含指导语或是任务要求、角色人员描述、角色情景描述和评价标准四大部分。不过，针对不同的测评目的和测评对象，角色扮演的方案可能会有所变化，但万变不离其宗，这四项基本内容是必须阐述清楚的。

通过以下的案例，读者将会对角色扮演方案中应包含的内容有更深的认知和理解。

实用范例 经理岗位的角色扮演方案

【情景描述】

××芯片生产公司是一家专门生产和销售半导体芯片的合资公司，内部设有生产部、技术部、销售部、采购部、人力资源部和财务部等职能部门。其中，技术部的主要工作职责是负责制订生产计划，设备的管理与维修，质量控制，生产工艺与过程控制，协调生产，随时解决生产过程中遇到的各类技术问题。

你是技术部的部门经理，下辖四个分部，其中有生产工艺分部。为了提高生产效率，公司的管理团队决定优化生产设备，降低生产成本，并由生产工艺分部和生产部负责具体推行工作。

但生产工艺分部的分部长不久之前才与生产部部长产生过矛盾，并且矛盾的由头就是生产工艺分部的分部长不同意生产部部长提出的关于优化生产设备的方案，认为工厂条件所限，改进设备不可行。这件事可能会影响到两个部门之间的合作，甚至生产工艺分部的分部长会反对这一计划，不愿实施该项目。

【角色任务】

你把生产工艺分部的分部长叫到办公室，目的是通知他有关优化生产过程项目的具体内容。同时，你也希望他能够改善与生产部部长的关系，以便全心投入到这个优化项目中。

30分钟后你必须出发去机场，到外地参加一项重要会议，因此，你与生产工艺分部分部长的谈话时间必须控制在半小时以内。

你有5分钟的准备时间，然后开始测试。

【评分标准】

本次测评维度为判断决策能力、组织协调能力、团队合作能力和角色适应能力，表3-1是此次角色扮演测验的评分标准。

表3-1　角色扮演测验评分标准表

维度	内容	评分标准		
		低（0~3分）	中（4~7分）	高（8~10分）
判断决策能力	是指在对现有信息、观点或方案进行综合比较的基础上，做出决断的能力	固执己见，考虑不周全，思维狭隘。做决定时优柔寡断，人云亦云	能有意识地比较不同观点，但考虑不够全面；不能抓住不同观点或方案之间的差异；判断时能照顾不同的观点，但不能够果断地做出决策；做出决定后不能很好地说服别人	能对不同观点进行分析比较，考虑全面；能够清晰区分不同观点或方案之间的本质差异，迅速找出它们的优劣之处，在此基础上做出判断决策；条理清晰、逻辑性强；决策时敢于承担风险；能果断地做出判断和决定；能运用令人信服的论据说服别人接受决定
组织协调能力	是指能积极主动地引导活动，调配资源，容纳他人的不同意见，处理好与他人的关系	经常谈论与活动无关的话题或从事与活动无关的事，经常打断别人，自我意识强。缺乏引导、控制活动进展的能力	能注意到活动的进展状况，并适当提醒他人。能在一定程度上对他人观点进行总结	能主动有效地控制活动（讨论）的进程，调节活动（讨论）的气氛，自然成为活动的主持者。善于对不同观点进行总结提炼，能进行阶段性的总结，协调不同意见

续上表

维度	内容	评分标准		
		低（0~3分）	中（4~7分）	高（8~10分）
团队合作能力	是指具有团队意识，遇事能从团队利益的高度出发，与其他成员共同协作，为实现团队目标做贡献	个人意识强，缺乏团队概念；不太信任他人，不愿寻求与他人的合作，也不愿协助他人的工作	能够意识到参加测评的成员是一个团队，但缺乏主动与他人合作的意识；在团队成员的要求下能协助他人工作，但缺乏技巧	有强烈的团队意识，通过语言或其他信息向其他成员传达团队思想；诚实、谦虚，注意通过自身的言行获取他人的信任与支持；尊重他人、信任他人，并积极寻找其他成员的优良品质；能够有效地与各种各样的人合作，使得大家都能够各尽其力为团队做贡献
角色适应能力	是指对角色的认知到位，并在此基础上表现出与角色相一致的言行和行为	对角色缺乏基本认知，不能按照角色的要求行事，经常出现角色错位或根本没有角色定位	对角色的要求有一定的认识，大体上能按照角色的要求行事。有两三次角色错位现象	对要求自己承担的工作角色有清楚的认知，能恰当地进行角色定位，按照角色的要求参与活动；语言、行为表现与角色的要求一致

根据测评任务和目的的不同，角色扮演测评也被分为沟通类、问题解决类和突发事件应变类三种。

上述案例展示的正是沟通类角色扮演测评，即与另一位角色或是虚拟人物进行一对一沟通，以传达某种讯息或是说服、聆听等，通过以上案例，相信读者对此已经有了比较清晰的认知。

而问题解决类角色扮演测评，则需要被测者扮演相应角色，设身处地解决工作中的常见问题或是可能发生的矛盾，比如管理人员解决下属之间的利益冲突，销售人员解决客户的投诉等。

下面通过一个案例来了解。

实用范例 问题解决类角色扮演方案

【情景描述】

你是××银行刚上任的大堂经理，每天的工作是负责维护银行大厅的相关设备及接待前来办理业务的顾客。由于该银行地处闹市区，因此每天前来办理业务的人员比较多。

某天中午，一位老人手提一大袋硬币走进银行内，寻求你的帮助，希望将手中的硬币存进存折中。不过这种业务只能到柜台人工办理，并且耗时耗力，再加上当天办理业务排队的人非常多，这种业务就需要提前预约才能办理。但老人腿脚不便，再让他改天重新跑一趟不合情理。

【角色任务】

你的任务是向老人解释银行办理业务的预约机制，以及此时不能直接办理的原因。其次，你还需要向上级反映这件事，在上级做出指示后，将老人安排到前面办理，并向后面等待的客户解释插队的原因，尽量安抚客户因此产生的不满情绪。

请将面试官 A 当作老人，将面试官 B 当作被插队的客户，在 5 分钟准备时间后开始测试。

突发事件应变类角色扮演测评，主要是以工作中可能出现的突发状况为情景基础，以情景当事人为角色，考查被测者的反应能力、心理素质和问题解决能力等方面的素质。下面同样通过一个案例来了解。

实用范例 突发事件应变类角色扮演方案

【情景描述】

你是一名 4S 店的经理，今天你正在店里巡视，突然外面冲进来一个顾客，嘴里大声说着："谁是这家店的经理？"你赶紧过去交涉，顾客看到你后十分愤怒，继续大声道："你们家的车偷工减料了吧？轮胎都有问题！要不是我今天试了试车，问题都看不出来，这要是开出去在路上出了人命，你赔得起吗？……"顾客愤怒的情绪高涨，一直高声怒骂着你，店里还在看车的其他顾客闻言也看了过来，开始低声交谈。

【角色任务】

你的任务是迅速安抚住这名顾客，在降低 4S 店名誉损失的同时，为这位顾客提供令其满意的补偿方案，最后说明如何处理这辆故障车。

准备时间 5 分钟，答题时间 20 分钟，现在开始计时。

角色扮演测评的形式如此多样，说明其在实际中应用极多。不过，相关人员还是不能盲目滥用角色扮演测评，毕竟事物总有两面性，角色扮演测评虽有诸多优点，但也不可避免地存在一些缺点，这在使用时需要细致权衡。下面通过图3-2来看看角色扮演测评的优势和劣势所在。

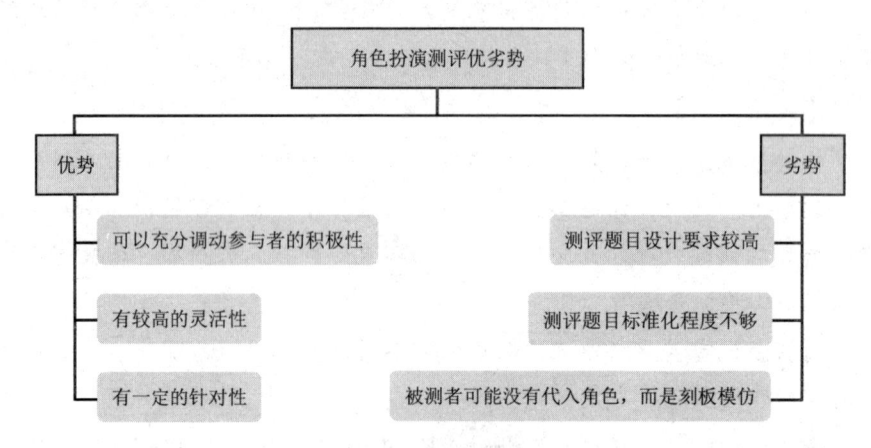

```
                    角色扮演测评优劣势
           ┌──────────────┴──────────────┐
         优势                            劣势
    ┌──────────┐                   ┌──────────────┐
    │可以充分调动参与者的积极性│     │测评题目设计要求较高│
    └──────────┘                   └──────────────┘
    ┌──────────┐                   ┌──────────────┐
    │有较高的灵活性│                │测评题目标准化程度不够│
    └──────────┘                   └──────────────┘
    ┌──────────┐                   ┌────────────────────┐
    │有一定的针对性│                │被测者可能没有代入角色，而是刻板模仿│
    └──────────┘                   └────────────────────┘
```

图 3-2　角色扮演测评的优势和劣势

3.1.3　无领导小组讨论测评

无领导小组讨论是让一组或多组被测者在给定的背景或是模拟情景下，围绕特定的问题展开的自由讨论，一般时间较长。考官在此期间不予干扰，而是在外围观察并记录每位被测者的表现，最终根据讨论结果，结合讨论过程中的表现，对被测者进行评估和打分。

注意，这里的"无领导"并不是指讨论过程中没有考官等领导参与，而是指整个讨论小组中没有设定负责人，每个人的地位都是平等的。也就是说，讨论小组中没人有权力进行最终决策，这也可以让讨论更加自由和发散，每个人都有抒发己见和展示才能与人格特征的机会。

通过无领导小组讨论的测评方式，评估人员可以观测到考生的组织协调能力、口头表达能力、辩论的说服能力等各方面的能力和素质是否达到拟任岗位的要求，以及其自信程度、进取心、情绪稳定性、反应灵活性等个性特点是否符合拟任岗位的团体气氛。

无领导小组讨论的类型有很多，大致可分为三大类，分别是情景类、角色类和目的类。

（1）情景类无领导小组讨论

情景类无领导小组讨论可分为情景性的无领导小组讨论和无情景性的无领导小组讨论。

这两类无领导小组讨论的含义也很好理解，有情景性的无领导小组讨论就是在一个给定的环境下，从情景中的某些角度思考问题，或是寻找符合当时情况的解决方案；无情景性的无领导小组讨论就是单纯针对一个问题进行讨论，阐述自己的观点，最后可能还会要求给出一个一致性的结论。

下面通过两个案例来观察两种类别的不同之处。

实用范例 情景类无领导小组讨论方案

【有情景性无领导小组讨论】

现在发生海难，一游艇上有八名游客等待救援，但是直升机每次只能够救一个人。游艇已坏，不停漏水。寒冷的冬天，刺骨的海水。

游客情况：

1. 军人，男，69岁，身经百战。

2. 外科医生，女，41岁，医术高明，医德高尚。

3. 大学生，男，19岁，曾参加国际奥数并获奖。

4. 大学教授，女，50岁，正主持一个科学领域的项目研究。

5. 运动员，女，23岁，奥运奖牌获得者。

6. 经理人，女，35岁，擅长管理，曾将一大型企业扭亏为盈。

7. 小学校长，男，53岁，劳动模范，五一劳动奖章获得者。

8. 中学教师，女，47岁，桃李满天下，教学经验丰富。

请将这八名游客按照营救的先后顺序排序。

每人有 3 分钟阅题时间，1 分钟自我观点陈述时间，小组讨论时间 30 分钟，最后 1 分钟进行总结陈词。

【无情景性无领导小组讨论】

做一个成功的领导者，可能取决于很多的因素，比如善于鼓舞人、充分发挥下属优势、处事公正、能坚持原则又不失灵活性、办事能力强、幽默、独立有主见、言谈举止有风度、有亲和力、有威严感、善于沟通、熟悉业务知识、善于化解人际冲突、有明确目标、能通观全局等。

请分别从上面所列的因素中选出一个你认为最重要和最不重要的因素。

答题要求：

1. 每人有 5 分钟时间考虑，然后将答案写在纸上。

2. 小组成员用 30 分钟时间就这一问题进行讨论，并在结束时拿出一个一致性的意见，即得出一个共同认为最重要和最不重要的因素。

3. 派出一个代表来汇报小组意见，并阐述做出这种选择的原因。

如果到了规定的时间，小组没有得出一个统一的意见，那么每个人的分数都将被扣除一定的分数。

（2）角色类无领导小组讨论

根据是否给讨论小组成员分配角色，可将无领导小组讨论分为有角色的无领导小组讨论和无角色的无领导小组讨论。

有角色的无领导小组讨论可以参考角色扮演测评，只是需要各成员之间形成配合，并针对给定的问题进行讨论。无角色的无领导小组讨论就是没有为成员指定角色，每个人的地位和思考角度都是一致的，与前面介绍的无情景性无领导小组讨论比较类似，这里就不展示案例了。

（3）目的类无领导小组讨论

目的类无领导小组讨论主要是按照小组讨论的目的划分的，包括竞争性、合作性、结合性和辩论性四种。

在竞争性无领导小组讨论中，每个小组成员都以各自利益为中心，或是以各自从属群体利益为中心展开讨论，目的是争取资源或是解决各方冲突；合作性无领导小组讨论则是以协调合作完成某项任务为目的，每个人在合作中所做的贡献就是决定其得分的关键；结合性无领导小组讨论则包含了竞争和合作两种目的，比如小组之间是竞争关系，但小组内部则是合作关系；辩论性无领导小组讨论的目的在于针对两个相反的，或是互有利弊的选项进行辩论性的讨论，评估人员根据辩论过程中每个人的表现和最终结果，做出相应的评估。

下面来看几个案例。

实用范例 目的类无领导小组讨论方案

【竞争性无领导小组讨论】

某广告公司由于业务的不断增长，需要员工迅速拓展市场，为了进一步提高员工工作的积极性，鼓励士气，经公司高层领导讨论，准备当年出台新的薪酬激励制度，以更好地实现员工与公司的双赢。在公司管理层的讨论会上，大家各持己见，针对两种可能的方案展开了激烈的讨论。

方案一：在原来的工资基础上，提高工资底薪，降低提成比例。

方案二：降低原基本底薪，提高业绩提成比例。

要求：

假设小组 A 是坚持采用方案一的一方，小组 B 是坚持采用方案二的一方。在主考官说"讨论开始"之后，双方进行自由讨论，讨论时间限制在 40 分钟以内。

在讨论期间，你们的任务是寻找论据增加己方筹码，争取让公司高层同意己方观点。合理论据增加一项，小组分数增加一分，讨论完成后，分高者胜。

【合作性无领导小组讨论】

年底了，公司准备举办一场大型年会，要求形式新颖，可玩性和奖励性兼备。现要求相关部门人员在规定时间内策划出一份年会方案，内容包括但不限于年会形式、流程、人员安排和经费预算等。

要求：

1. 小组成员需要通力合作，设计出一份合理的年会方案。

2. 每个成员都要发言，每次发言时间控制在 2 分钟内，但不限次数。

3. 小组选派一名代表，在讨论结束后向主考官报告年会方案。

讨论时间 60 分钟，现在开始计时。

【结合性无领导小组讨论】

近期，动物园推出一项趣味节日活动，在一个充满鳄鱼充气玩具的水池上架设了两条通道，并分别提供了木板和绳子。该项目需要两组各 10 人共同参与，两支队伍谁能最快利用道具将己方队员全部运送到对岸，谁就能拿到游戏奖励。

利用木板和绳子过河时，规则如下：……

要求：

1. 两个小组成员分别代表两支队伍，请利用 30 分钟内部讨论时间，设计出最快让全部队员抵达对岸的方案。

2. 每个小组选派一名代表，在讨论结束后互相展示己方方案以及耗时。

3. 考官审核并确定优胜小组后，根据每组每人所做贡献和表现打分。

【辩论性无领导小组讨论】

能力和机遇是成功的两个关键因素，有人认为能力至关重要，但也有人认为机遇更为重要。若只能倾向性地选择其中一项，您会选择哪一项？至少列举五个支持您这一选择的理由。

要求：请您首先用 5 分钟的时间，将答案及理由写在答题纸上，在此期间，请不要相互讨论。

在主考官说"讨论开始"之后进行自由讨论，讨论时间限制在 25 分钟以内。在讨论开始时，每个人首先要用 1 分钟时间阐述自己的观点。注意：每人每次发言时间不要超过 2 分钟，但对发言次数不作限制。

在讨论期间，你们的任务是：

1. 整个小组形成一个决议，即对问题达成一致共识。

2. 小组选派一名代表在讨论结束后向主考官报告讨论情况和结果。

无领导小组讨论不仅形式多样，其题目的类型也十分丰富，具体如图3-3所示。

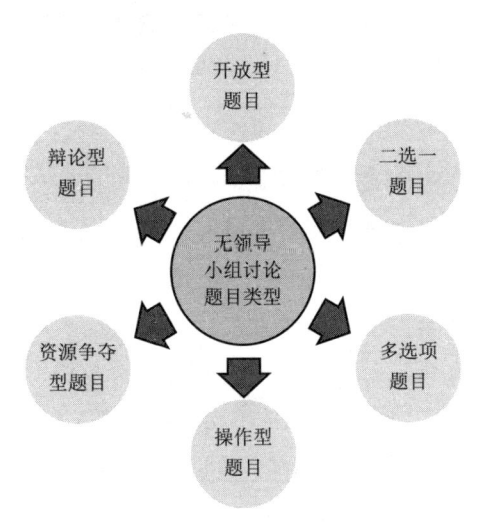

图3-3 无领导小组讨论题目类型

其中的开放型、二选一、多选项、资源争夺型和辩论型题目在前面的案例中有涉及，读者应该能明白其含义和出题方式。操作型题目是从来没有讲述过的，这种题型又是怎样的呢？

其实，操作型的无领导小组讨论不仅包含了讨论的部分，还涵盖了对被测者专业素养、实操能力、合作能力等方面的考查。在测评进行之前，考官会提供一些材料或工具，要求小组在规定时间内利用这些材料或工具设计出指定物品，比如楼房模型、金字塔模型等。

下面来看一个案例。

实用范例 操作型无领导小组讨论方案

【纸塔游戏】

考官发给每个小组一叠30.5cm厚的报纸和一卷胶带纸，每个小组有20分钟的时间计划建造一座纸塔。评价纸塔好坏的标准有三个：高度、稳定性、美观性。在制订计划的阶段，不准动手操作，计划时间到后，每个小组有 30 分钟的时间动手建造纸塔。

建造完成后，考官把每个纸塔都标上号，每个组员都要独立地评价每个纸塔，然后每个小组评出你们认为的最佳纸塔，并指定一位发言人报告小组的评选结果和评价理由。

在小组中，讨论以下问题：

1. 小组中的每个成员对于建塔计划贡献有多大？

2. 在你们小组出现过一位领导者吗？如果出现了，是谁？为什么这个人成了小组领导？

3. 在小组中，有些人一般会为自己假定一个任务导向的角色，关心是否顺利完成任务；有些人则扮演人际关系角色，鼓励、支持大家。在你们小组出现过这些角色吗？这些角色是推动还是阻碍了群体工作效果？

4. 你觉得小组成员在计划和建造阶段所表现出来的行为哪些对小组很有帮助？哪些行为对小组起了阻碍作用？具体列举出来。

由于无领导小组讨论的灵活性较强，很多时候没有严格的评分标准，那么考官就要注意观察和记录每个成员在讨论中的表现，并以此为依据。不过，具体要观察哪些方面呢？下面通过图 3-4 来了解。

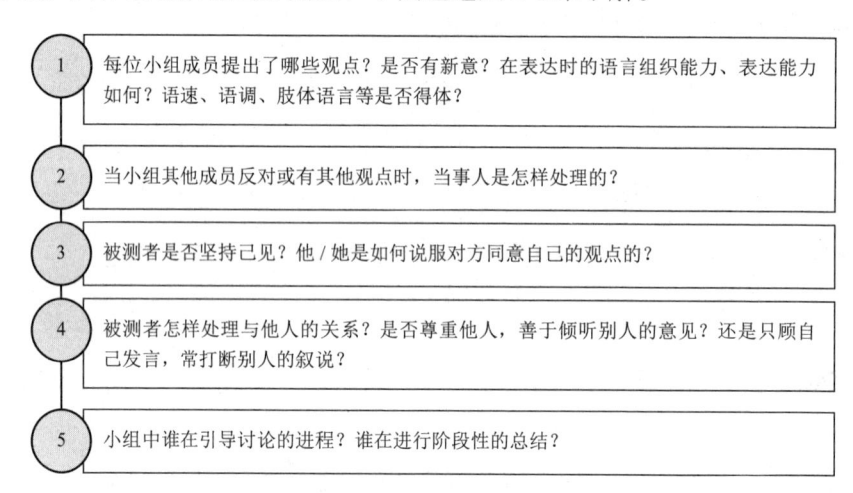

1	每位小组成员提出了哪些观点？是否有新意？在表达时的语言组织能力、表达能力如何？语速、语调、肢体语言等是否得体？
2	当小组其他成员反对或有其他观点时，当事人是怎样处理的？
3	被测者是否坚持己见？他/她是如何说服对方同意自己的观点的？
4	被测者怎样处理与他人的关系？是否尊重他人，善于倾听别人的意见？还是只顾自己发言，常打断别人的叙说？
5	小组中谁在引导讨论的进程？谁在进行阶段性的总结？

图 3-4　无领导小组讨论的考官需要观察的方面

一般来说，考官在评估每位成员的表现时，要根据评分表上的标准进行，尽量达到公正客观、评估全面的原则要求。

同时需要注意的是，相较于其他测评方式，无领导小组讨论其实更注重过程，就算一个小组在辩论或竞争时失败了，小组中做出重要贡献的成员依旧可能得到高分评价。

下面附一张无领导小组讨论的评分标准表，供读者参考，见表3-2。

表 3-2　无领导小组讨论评分标准表

测评要素	权重	观察要点	人员得分			
			A	B	C	D
分析能力	20%	综合已有信息，能透过现象抓住问题的本质，区分出问题的轻重缓急，敏锐地发现事物间的联系，并找到造成问题的原因，适时做出恰当结论或对策				
个人影响力	15%	敢于坚持自己的意见，同时有效与他人交流；能根据场上情况及时调整、完善思路，能抓住适当时机积极发言；注意到了说服技巧的运用；有效赢得认可与支持				
应变能力	15%	实际情景中，审时度势，思维敏捷，考虑问题周详，并能及时处理各种问题，灵活有效的应对				
沟通能力	15%	是否将自己的思想、观点、意见和建议清楚地用语言表达出来；言语是否逻辑严密、条理清晰，有一定深度				
组织协调能力	20%	为平息组内纷争，善于寻求大家观点的共同点，推动小组形成统一意见；能灵活找出各种解决问题的途径，对其做出合理的评估				
语言表达能力	10%	能够清晰地表达自己的观点和思路，语言生动、流畅，并且富有感染力				

续上表

测评要素	权重	观察要点	人员得分			
			A	B	C	D
稳定性、举止仪表	5%	面试中情绪稳定、沉着，穿着打扮自然得体，言谈举止表现出良好的文化素质				
总分（10分）							
评语	A	
	B	
	C	
	D	
表现最好的成员及理由		
打分标准说明	满分是10分，请根据您的个人观点打分，不要与其他考官商量。9分及以上，非常好；6~8分，较好；4~5分，一般；3分及以下，较差	考官签名： 时间：

3.1.4 公文筐测评

公文筐测评又称文件筐测评或是公文处理测评，指的是赋予被测者管理人员或是某部门负责人的角色后，要求被测者处理一系列的信函、文件、通知和报告等材料，以测量和评估被测者的各方面能力。

一般来说，公文筐测评是用于选拔高级管理人员的测评手段，企业对于这部分应试者的素质要求会比较高，测评手段也比较多元化。公文筐测评只是其中之一，但却是很重要的一部分。它在具有很高仿真性的同时，考查的范围也很广，开放性强，操作简便，并且效度也很高。

不过，公文筐测评也不可避免地存在一定的局限性，比如它难以衡量出被测者的语言表达能力和沟通交流能力，这一点可以通过结合其他测评手段来弥补。除此之外，公文筐测评的题目和需要处理的文件内容很难编制，耗时耗力，并且针对被测者的评价内容也很难做到一致性，对评估人员的专业度要求较高。

因此，公文筐测评的手段好用但不常用，一般的企业在招聘或选拔普通职员时，可以不考虑采用这种方式。不过，在选拔高级管理人员时，却可以考虑，不能因为方法烦琐而放弃这种有效的测评手段。

那么，公文筐测评到底能考查到哪些能力呢？如图3-5所示。

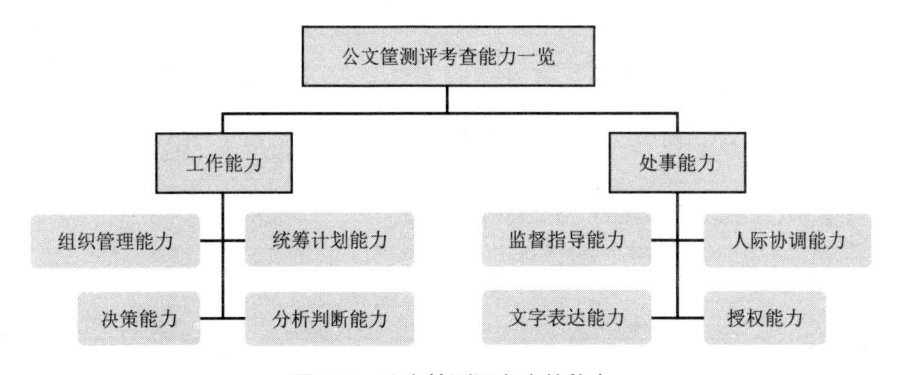

图 3-5　公文筐测评考查的能力

和前面介绍的许多测评手段一样，公文筐测评也需要策划出一份规范化的方案，里面包含的内容可能根据测评对象和目的的不同而有所改变，但有些基础内容是必须具备的，具体如下所述。

①对测评目的、测评情景的描述：这部分内容实际上就是整个测评方案的前置指导语，其中应说明被测者在此次测评活动中的任务与相关要求。如果测评目的在此前已经进行过说明，那么此处可以省略。指导语文字应当通俗易懂，简明概要，保证每位被测者都能准确无误地理解测评活动的要求。

②各种测评材料：测评材料主要分为两大类，一类是对被测者当前身份的说明材料，包括被测者的职位、职能、工作责任、上下层级关系以及公司组织结构等；另一类是被测者需要处理的各种公文材料，数量可以不

用非常多，但类型和呈现方式尽可能多样，并保证逼真度。比如除了打印文件外，还可以包含一些手写文件、电子文件，文件中还可以加上不同主管的批示内容，文件的规格也不尽相同。

③合理设计的答题纸：一般来说，在进行公文筐测评时，不会让被测者将批示或处理意见写在文件材料上，这样不便于后期评估工作。出于这种考虑，可以让被测者将相应文件的批示意见逐一填写在答题纸上，简单明了，大大节省了后期整理工作，测评者只需对答题纸上的内容进行评分即可，见表3-3。

表3-3 公文筐测评答题纸示例

姓名							
应聘岗位			测试时间				
文件一	回复方式	□信件/便函	□电子邮箱	□电话	□面谈	□不予处理	□其他处理方式：
	处理思路						
	回复内容						
文件二	回复方式	□信件/便函	□电子邮箱	□电话	□面谈	□不予处理	□其他处理方式：
	处理思路						
	回复内容						
……	……	……					
得分			评估意见：				
评卷人			复核人				

④事先编制的评分标准：在大部分测评方式中，提前编制的评分标准都是非常重要的一部分，公文筐测评自然不例外。根据各测评要素的不同，评分标准也会有所变化，设计者可以分等级，也可以采用评分的方式，一切根据实际情况来进行，见表3-4。

表3-4 公文筐测评评分标准示例

维度	评分标准				得分
	优秀 （91~100分）	良好 （76~90分）	尚可 （61~75分）	较差 （0~60分）	
决策能力	善于根据具体情况做出正确判断和果断决策，把握全局，灵活运用决策原则，在组织关键问题的发展方向上起导向性作用	善于挖掘潜在信息做出决策，全面分析问题，灵活变通，决策的可行性和周全性较强，能够提出合理建议，为组织提供有力的支持	能总体把握信息做出判断决策，并能进行客观分析，决策实际可行，比较周全	能够根据已有信息做出判断决策，并进行一定的分析，但其可行性和决策的灵活性有待提高	
计划能力	计划性非常强，能够合理安排多项工作，时间利用率高，制订出必要的工作计划并严格执行	计划性较强，能够统筹安排工作，时间利用率较高，善于运用工作进度表、考核表等工具协助工作	计划性尚可，基本能够按照计划进度要求工作，时间利用率尚可	缺乏计划性，统筹安排工作能力较弱，时间利用率比较低	
书面表达能力	书面表达能力很强，能准确表达意见并切中要点，能独立快速的撰写重大方案	书面表达能力较强，意见表达清晰，能够独立撰写重大方案	书面表达能力尚可，基本能表达意见，基本能够独立撰写重大方案	书面表达能力较弱，意见表达不清晰，不能独立撰写重大方案	
……	……	……	……	……	……
综合得分		考官意见			

除了表3-4展示的评价维度以外，考官或测评专家在评估时，还需要

针对被测者的一些细节上的表现进行综合分析，那么，具体应该观察哪些方面呢？如下所示。

①被测者是否对每份材料都进行了仔细的阅读和批复。

②被测者是否根据材料的重要性进行过分类，并根据其轻重缓急程度有条理地进行处理。

③被测者是否能将不同的文件恰当地传送给对应的层级或下属。

④被测者做出的批复或提出的解决方案是否有理有据，巧妙有效。

⑤被测者是否主动寻求其他信息，以完善决策内容。

⑥被测者处理不同文件的效率如何，是否存在在某一文件上耗费较长时间的情况。

以上的考量维度是大部分公文筐测评都应该特别注意的，除此之外，针对特殊岗位进行的公文筐测评，还可以根据岗位的特殊性进行针对性的评估，不要拘泥于以上方面。

3.2 其他人才测评方法

前面介绍的情景性综合测评方法，重点关注的是被测者的实际工作能力以及各方面综合实力，尽管在其他方面，例如表达能力、个性特点等维度也有所涉及，但测评结果也容易受其他因素影响。

因此，了解其他更具有针对性的人才测评方法，对于企业和人力资源工作者来说还是很重要的。

3.2.1 绩效考核测评

绩效考核是指考核主体对照工作目标和绩效标准，采用科学的考核方式，评定员工的工作任务完成情况、员工的工作职责履行程度和员工的发展情况，并且将评定结果反馈给员工的过程。

相信大部分读者对绩效考核都不会陌生，它是人力资源部门的核心工作之一，也是企业管理最强有力的手段之一，目的是通过考核提高每个个体的效率，最终实现企业的目标。

绩效考核的方法众多，目前比较主流的有360度反馈考核法、关键业绩指标考核法（KPI绩效考核法）、平衡计分卡（BSC绩效考核法）、目标管理法（MBO绩效考核法）以及目标与关键成果法（OKR绩效考核法）。除此之外，还有关键事件法、工作标准法以及强制分布法等多样化的考核方式，下面来逐一进行了解。

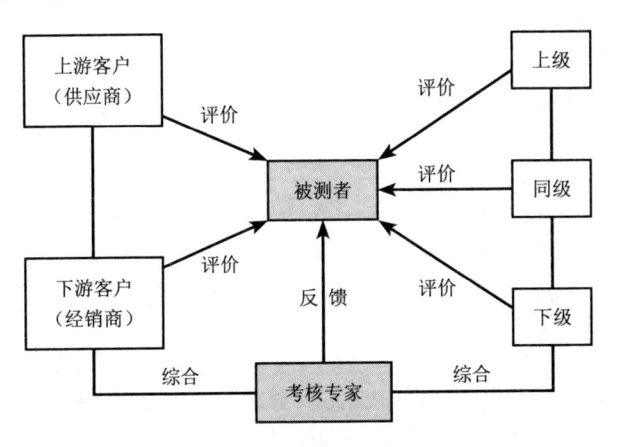

（1）360度反馈考核法

360度反馈考核法又称全方位考核法或全视角反馈法，指的是由与被测者有密切关系的人，包括上级、同事、下属和客户等，分别匿名对被测者进行评价，同时被测者也对自己进行评价。然后，由专业人员根据有关人员的评价，对比被测者的自我评价，向被测者提供反馈的过程，通过图3-6能看得更加直观。

图3-6 360度反馈考核法

由此可见，在360度反馈考核法的评价过程中主观性占了很大一部分，出于不同的目的，同一评价者对同一被测者的评价会不一样；而出于相同的目的，不同的评价者对被测者的评价也可能有很大差别。

因此，360度反馈考核法一般不会作为选拔和晋升的主要绩效测评方式，毕竟当它的主要目的是帮助员工进行自我认知时，评价者还能做到尽量客观和公正，被测者也更愿意接受评价的结果。但当其主要目的是进行人力资源分配，或出于员工选拔、职位晋升等目的时，评价者难免会考虑到个人利益得失，或是掺杂个人情绪，难以保证评价的客观性，同时，被测者也可能会怀疑评价者的客观性和公正性。

尽管360度反馈考核法的主观性较强，但也只是相对于其他考核方式来说，评价者不可能随意对被测者发表观点，作出评价，而是要遵循一定的标准或方式来进行，最常用的就是问卷法。

一般来说，360度反馈考核法的问卷形式有三种，分别是：①给评价者提供5分等级或者7分等级的量表（等级量表），让其选择相应的分值；②让评价者针对特定问题写出自己的评价意见（开放式问题）；③综合以上两种形式。

下面来展示一个具体的案例。

实用范例 **360度反馈考核问卷**

【指导语】

您是被评价者的（请将对应☐刷黑）：☐上级 ☐自己 ☐同事 ☐下属 ☐其他被评价者的直接上级：_____。

请于____年____月____日前填写此表，并发至总经理专用邮箱。

本问卷通过对工作行为的评估，帮助被测者从多方面更清楚地了解自身的工作行为情况和发展需要，从而指导被测者改进工作，做好职业发展。

由于您是以匿名的方式提供反馈和评语，因此，请不要有任何顾虑。您的评价结果非常重要，希望您务必真实地提供您的意见。为了保证调查的质量，在填答中请根据要求在表3-5中每个维度不同等级的五个项目中选择对应的行为。

表 3-5　360 度反馈考核评价表

维度	等级	项目	行为表现	每项分值	评价结果
承诺与态度	不合格	1.1	没有付出 100% 的努力，只做最必须要完成的工作，留下未完成的工作，持"差不多就可以了"的态度	1 分	
		1.2	如果个人意见与团队的决定或目标不一致，即使它们对于公司/团队有最大利益，也不支持这些决定和目标		
		1.3	对公司的主动性和目标抱消极态度		
		1.4	消极态度可能造成对团队成员的不利影响		
		1.5	不乐于助人，也不乐于接受别人的帮助		
	可以胜任	2.1	总是付出最大的努力	3 分	
		2.2	如果某个决定或主动性对公司/团队有利，即使与其个人意见不一致，仍然全力支持		
		2.3	在不被要求提供信息时，也能发现需要沟通的问题		
		2.4	积极性较高，并鼓励他人积极起来		
		2.5	始终要求自己和他人共同提出解决结果		
	优异	3.1	完成工作时能够远远高出工作说明中的标准	5 分	
		3.2	寻找更新、更好的工作方法		
		3.3	对公司和自己的工作应达到的目标充满热情		
		3.4	为确保完成的工作而做出额外的努力		
		3.5	总能成功地完成目标，不会令人失望		
团队合作	不合格	1.1	只注意自己而忽略别人	1 分	
		1.2	不乐于分享信息、知识或技能		
		1.3	依赖其他团队成员的努力，不全力投入项目或任务，其他人也不能信任其本人工作的结果		

续上表

维度	等级	项目	行为表现	每项分值	评价结果
团队合作	不合格	1.4	除非被发现，否则不对自己的错误负责	1分	
		1.5	不愿意帮助他人完成团队目标		
	可以胜任	2.1	在工作小组和团队中对他人表示信任和尊重	3分	
		2.2	以积极的态度做出重要贡献		
		2.3	时刻准备帮助他人，以确保能够完成团队的目标		
		2.4	任何时候都乐于分享知识、技能和想法		
		2.5	对自己的工作负责，受到信赖，能够说到做到		
	优异	3.1	能够并乐于迅速地、有效地、积极地解决分歧或不同意见	5分	
		3.2	在危急的情况下积极工作		
		3.3	为了达到完全有效的参与或帮助，做一切能做的努力		
		3.4	认识到其他团队成员的长处，一旦有需要时，积极地寻求他们的协助		
		3.5	在团体的工作中与人合作		
纪律性	该项由人力资源部员工填写		从该员工日常行为表现对周围事物（同事及办公环境）的影响（积极或消极方面考虑），您将对该员工作何评价？ 5分——在遵循公司的规章制度方面表现出色，且能够在团队中树立榜样。 4分——表现很满意，但还可努力做得更好。 3分——无迟到、早退、旷工行为。 2分——迟到、早退、旷工每月1次。 0分——迟到、早退、旷工每月3次或以上。 列举本考核期内，被测者的具体纪律行为表现： 签名：　　　日期：		

续上表

维度	等级	项目	行为表现	每项分值	评价结果
			总　　分		
对被测者本次考核的评语			列举本考核期内，被测者工作中值得表扬或批评的关键事件： 签名：		

（2）KPI绩效考核法

KPI绩效考核又称关键业绩指标考核法，这里的KPI指的就是"关键业绩指标"，它是用于衡量工作人员工作绩效表现的量化指标。企业通过各种方式将自身的战略目标分解为可操作的工作目标，进而建立KPI体系，也就是企业绩效管理的基础。

KPI绩效考核是建立在KPI体系上的一种常用的绩效考核方法，它遵循一个关键管理原理，即"二八原理"。二八原理认为在一个企业的价值创造过程中，20%的骨干人员能够创造出80%的价值；而在每一位员工身上，80%的工作任务也是由20%的关键行为完成的。

因此，考核人员必须抓住这20%的关键行为，对之进行分析和衡量，量化出具体的关键业绩指标，这样就能抓住业绩评价的重心，这也是KPI绩效考核的核心价值。

KPI体系的建立十分复杂，仅仅是对组织内部某一流程的输入端、输出端的关键参数进行设置、取样、计算、分析的过程，就已经超出了大部分人力资源工作者的能力范围。因此，成熟的企业内部的KPI体系以及考核方式都是经过专人设计和验证的，如果缺乏这样的条件，自行编制的KPI考核很容易产生误导性或没有意义的结果，这一点是需要注意的。

关键业绩指标应当指明各项工作内容所应产生的结果，或所应达到的标准，比较常见的关键业绩指标有以下一些。

①效益类指标：资产盈利效率、盈利水平等。

②营运类指标：部门管理费用控制、市场份额等。

③组织类指标：满意度水平、服务效率等。

④其他常见指标：业绩生产类指标、能力指标、职责类指标、职能类指标、胜任力指标等。

表3-6是某企业财务部门的KPI业绩考核评分标准。

表3-6 ××企业财务部门KPI业绩考核评分标准（节选）

考核类别	分值	考核项目	考核标准	扣分	得分
工作目标	10	核对单据	及时、准确、无误		
		核对应收	严格执行账期，保证应收正确		
		督促回款	及时回款，保证经营正常周转		
岗位职责	60	执行财务制度	未按制度执行，造成漏洞或损失的，扣5分		
		执行核算流程	未按流程办事有差错的，扣5分		
		执行财务审核	未按规定审核的，扣5分		
		执行财务核算	应收不对，账目不清的，扣5分		
		负责销售发货单的打印	出现差错的，扣5分		
		负责与业务员核对应收	因个人原因有经济损失，扣5分		
		核对资金回款单	出现差错造成经济损失，扣5分		
		财务档案	装订不整齐、财务档案不能妥善保管、泄露财务机密的，扣5分		
完成工作任务	10	月会计工作会议	布置的工作有未完成的，扣3分		
		周例会	布置的工作有未完成的，扣3分		
		临时交代的工作	布置的工作有未完成的，扣3分		

续上表

考核类别	分值	考核项目	考核标准	扣分	得分
工作质量	5	工作质量及效果	在工作中出现失误，在核算中出现差错，给部门带来不利影响，受到其他部门投诉的，扣5分		
			由于核算不准，监管不到位，造成账目不清、库存不准、业务流程混乱，受到公司批评的，扣5分		
工作作风	5	遵守制度	工作时间说闲话、论家常、玩游戏、听音乐等，扣2分		
		劳动纪律	有事外出不请假扣2分		
		环境卫生	每天不清理卫生，桌面杂乱、公共卫生意识差，扣2分		
解决问题能力	5	个人素质及沟通能力	不在第一时间、不热情接待"客户"，说"拒绝"和"不"的话、与他人经常发生冲突，不能从公司利润出发，接到投诉的，扣5分		
			遇到问题处理简单，办法不多，工作不积极、不主动的，扣5分		
工作态度	5	执行力	工作不能按时完成，问题较多，领导布置工作经常找借口，扣5分		
		原则性	不能坚持原则，不能按制度办事，不以公司利益为重的，扣5分		
合计	100	备注：工作成绩突出，受到公司表彰；在短时间内解决了工作中的较大难题；与团队一起加班加点完成了公司的重要工作任务；提出合理化建议，使工作某一方面得到改进和提高的，奖励5~20分			
说明		1.考核项目详见考核标准及内容。2.考核扣分扣完类别总分为止。3.工作目标只完成一项不得分。4.工作目标和岗位职责相重复的按工作目标考核。5.因个人责任给公司造成经济损失的按公司有关规定执行			

（3）BSC绩效考核法

BSC绩效考核法即平衡计分卡，也是常见的绩效考核方式之一。它从财务、客户、内部运营、学习与成长四个角度，将组织的战略落实为可操作的衡量指标和目标值，属于一种新型的绩效管理体系，如图3-7所示。

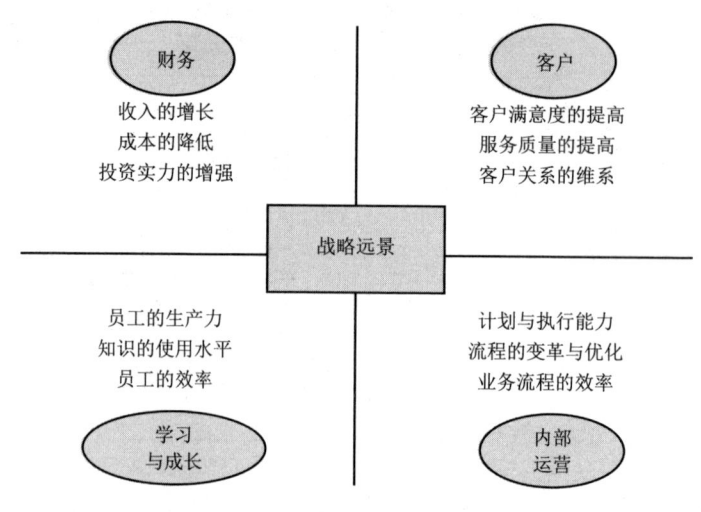

```
        财务                           客户
     收入的增长                    客户满意度的提高
     成本的降低                    服务质量的提高
    投资实力的增强                  客户关系的维系

                    战略远景

     员工的生产力                   计划与执行能力
     知识的使用水平                 流程的变革与优化
      员工的效率                   业务流程的效率

        学习                           内部
        与成长                         运营
```

图3-7　BSC绩效考核法

BSC绩效考核法的核心就是对上述四个方面进行平衡，从"股东如何看待我们？""顾客如何看待我们？""我们擅长什么？""我们是在进步吗？"等关键问题入手，设计出具有针对性的考核方案。

每个企业都可以根据自身的情况来设计各自的BSC绩效考核方法，但大体上可以遵循图3-8中的四个步骤。

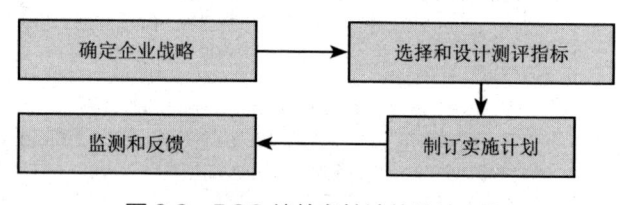

```
  确定企业战略  →  选择和设计测评指标
        ↑                  ↓
   监测和反馈   ←   制订实施计划
```

图3-8　BSC绩效考核法的设计步骤

（4）MBO绩效考核法

MBO指的是目标管理法，是由企业最高层领导制定一定时期内整个企业期望达到的总目标，然后由各部门和全体职工根据总目标的要求，制定各自的分目标，并积极主动地设法实现这些目标的管理方法。

一般来说，方针目标先由上级向下级提出，然后让下级制定各自的目标方案，充分调动其积极性。基于此模式下的 MBO 绩效考核法就要求相关工作者将公司战略目标层层分解，从中设计出一系列指标，用以测评和考核，具体流程如图 3-9 所示。

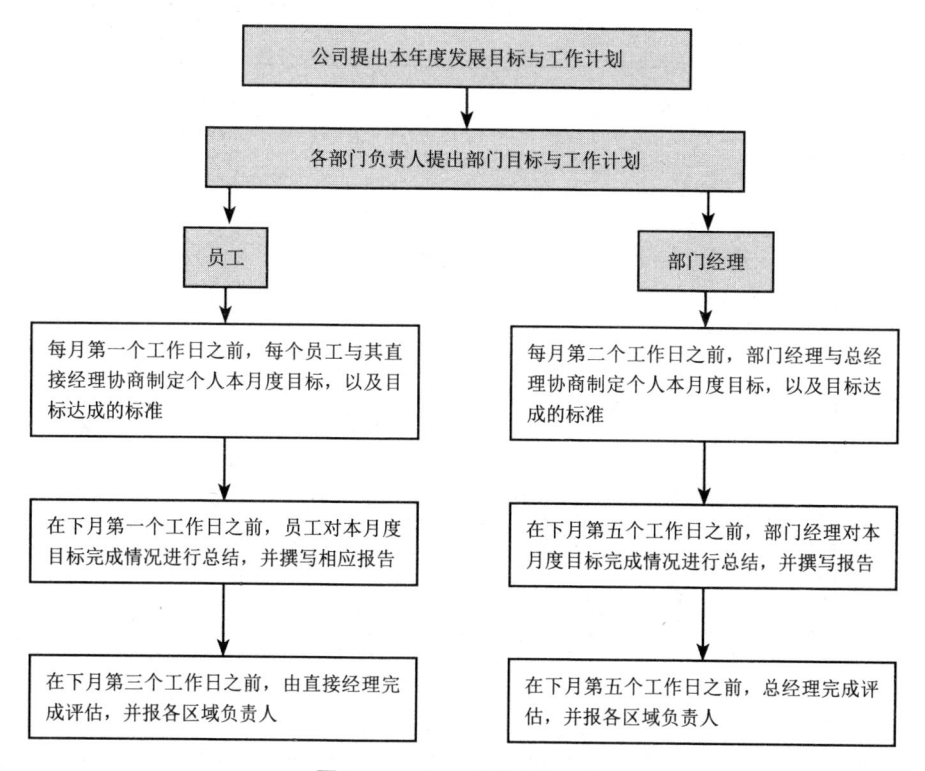

```
           ┌─────────────────────────────┐
           │ 公司提出本年度发展目标与工作计划 │
           └─────────────────────────────┘
                         │
                         ▼
           ┌─────────────────────────────┐
           │ 各部门负责人提出部门目标与工作计划 │
           └─────────────────────────────┘
                  │              │
                  ▼              ▼
               ┌─────┐        ┌──────┐
               │ 员工 │        │部门经理│
               └─────┘        └──────┘
```

每月第一个工作日之前，每个员工与其直接经理协商制定个人本月度目标，以及目标达成的标准

每月第二个工作日之前，部门经理与总经理协商制定个人本月度目标，以及目标达成的标准

在下月第一个工作日之前，员工对本月度目标完成情况进行总结，并撰写相应报告

在下月第五个工作日之前，部门经理对本月度目标完成情况进行总结，并撰写报告

在下月第三个工作日之前，由直接经理完成评估，并报各区域负责人

在下月第五个工作日之前，总经理完成评估，并报各区域负责人

图 3-9　MBO 绩效考核流程

（5）OKR 绩效考核法

OKR 绩效考核法也称目标与关键成果法，是一种先制定目标，然后明确目标的结果，再对结果进行量化，最后考核完成情况的绩效考核方法。它的主要目的是确保整个组织的力量能够聚焦于完成对所有人都同样重要的事项上。

从其设计思路上就可以看出，OKR 和 MBO 之间是存在一定的相关性的。不过，MBO 绩效考核法注重对目标的分解和指标化，而 OKR 绩效考核法则关注的是目标的结果，这一点一定要区分开。

OKR 绩效考核法在操作时需要注意以下九项基本原则，否则可能会偏离考核的初衷，如图 3-10 所示。

1. OKR 中的 O 值，也就是 objective，即目标，其设定必须是具体、可量化的，并且需要具有一定的难度和挑战性

2. 在 O 值设定时，最多设定五个，每个 O 值对应的 KR 值（也就是 key result，即关键结果）不超过四个，KR 值也需是可衡量、有挑战性的

3. 60% 的 O 值应来源于底层，也就是下属员工应当充分参与到 OKR 的设计中来

4. OKR 的讨论和制定应当是民主的，不能自上而下形成任何命令形式的目标设定

5. 由于 O 值的设定偏向于困难，那么每季度或是每一考核周期内完成 60%~70% 就算是比较不错的结果了，不必追求 100%，否则 O 值设定就太过简单，不符合第一条原则的要求

6. OKR 考核体系一旦制定完成，就应当向全体员工公开，以保证透明度和公平性

7. 只有在 KR 值仍然很重要的情况下，才持续为它而努力。如果 KR 值已经失去了存在的意义，或是对应的 O 值被取消，那么就不需要再进行这项考核了

8. 公司需要为 OKR 绩效考核建立专门的监管或监督部门，以确保 O 值能够被实现，KR 值也不会产生偏移

9. OKR 绩效考核的周期设定要分层级，最上层级设定的总 O 值不能随意更改，下面层级的分 O 值可以酌情修正。同时，在下面层级的考核周期中，重点关注 KR 值的完成情况

图 3-10　OKR 绩效考核设计原则

（6）其他绩效考核方法

前面介绍的五大主流绩效考核方法虽然十分常用，但无论是复杂程度还是考核成本都相对较高，对于一些中小型企业，或是内部员工不多的企业来说可能不太适用，那么下面就通过表 3-7 来介绍一些比较简单的绩效考核方法。

表 3-7　其他简单的绩效考核方法

考核方法	概　　念
关键事件法	关键事件法也叫重要事件法，考核人在平时要注意收集被考核人的"重要事件"，也就是那些会对部门的整体工作绩效产生积极或消极影响的关键事件，相关人员要将这些表现形成书面记录，根据这些书面记录进行整理、分析和量化，最终形成考核结果，过程简单客观，但工作量较大
工作标准法	工作标准法指的是把员工的工作与企业制定的工作标准或劳动定额等要素相对照，以确定员工业绩是否达标。该方法的优点在于参照标准明确，易得出评价结果；缺点在于针对某些岗位人员的标准制定难度较大，缺乏可量化的指标，比如监管人员等
直接排序法	直接排序法也叫简单排序法、序列评定法，是一种把一定范围内的员工按照某一标准由高到低进行排列的绩效评价方法。其优点在于简便易行；缺点是评定标准单一，难以进行横向对比
要素评定法	要素评定法指的是将整个组织或者企业的所有岗位的岗位特征抽象成若干个付酬要素，将岗位的具体工作内容与这些付酬要素标准相比较。一般来说，这种方式是用于衡量岗位价值的定量方法，但将其应用到绩效考核上依旧能起到不错的效果，只要将员工的工作业绩与岗位价值进行对比，就能够得出相应的结果
工作记录法	工作记录法脱胎于工作日志法，原本是由任职者按时间顺序，详细记录自己在一段时间内的工作内容与工作过程，并经过归纳、分析，以达到工作分析的目的。这种分析方法稍加改良后，就可以用于对生产工人操作性工作的考核
强制分布法	强制分布法也叫强制分配法，指的是按正态分布规律，先确定好各等级在总数中所占的比例，例如若划分成优、良、劣三个等级，则分别占总数的 30%、40% 和 30%；若分成优、良、中、差、劣五个等级，则每等级分别占 10%、20%、40%、20% 和 10%，然后按照每人绩效的相对优劣程度，强制列入其中的某一等级

3.2.2 动机测评

要知道什么是动机测评，首先要了解的就是"动机"。动机是指引起、维持和指引人们从事某种活动的内在动力，是人类行为动力中调控机制的重要组成部分，也是人类行为的原动力。

通常来说，每个人的动机水平都有所差别，并且还会随着环境或心态的改变而产生一定程度的波动，它对于个体在工作上的热情度、积极性和胜任程度都有较大的影响。

举个简单的例子，一个刚毕业的大学生野心勃勃，成就动机水平相当高，希望在计算机领域做出一定的成绩，但在入职一家互联网公司后，却发现自己从事的是网络维护工作，内容单调且重复性较高。尽管这份工作待遇优秀，但他依旧感到了自己的精神需求没有被满足，于是在第二年就辞职，跳槽去了一家创业型互联网企业。在这里他是被需要的关键技术人员，自此之后无论是工作热情还是工作效率都有了较大的提高，他也为新公司创造了远比前公司更大的价值。

不过显然，人的动机不止成就动机这一种。事实上，社会心理学家戴维·麦克利兰将动机分为成就动机、权利动机和亲和动机三种，这也是得到了广泛认可的分类方式，被认为是推动员工行为的主要动机。

（1）成就动机

成就动机是一种试图追求和达到目标的内在动力，对应的就是争取成功，希望做到最好的心理需求。

具有强烈成就需求的人渴望将事情做得更为完美，提高工作效率以获得更大的成功，这类人追求的是在争取成功的过程中克服困难、解决难题、努力奋斗的乐趣，以及成功之后的个人成就感。例如前面举例的计算机专业的大学生，更看重的就是工作中的成就感，而不是工作为他带来的物质奖励。

成就动机越强的人，事业心和进取心也会越强，取得成功的机会和可能性要比成就动机低的人高不少。在遇到这类求职者时，可以考虑将其放在具有一定挑战性的工作岗位上，相信他们能够发挥极强的价值。

（2）权力动机

权力动机是试图影响他人和改变环境的内在动力，对应的就是影响或控制他人且不受他人控制的心理需求。具有高权力动机的人希望制造对组织的影响，喜欢支配、影响他人，喜欢具有竞争性和能体现较高地位的场合和情景。

这类人尽管也会追求高业绩和优秀的工作成绩，但更多的是为了获得地位和权力，或使其与自己已具有的权力和地位相称，而非追求个人成就感。由此可见，管理岗位尤其是高级管理岗位，对员工的权力动机的测试是非常必要的，这是管理成功的基本要素之一。

（3）亲和动机

亲和动机是争取与人社会性交往的内在动力，对应的是建立友好亲密的人际关系的需求。高亲和动机的人更渴望友谊，喜欢以合作为主而不是以竞争为主的工作环境，希望彼此之间能够沟通和理解，同时对环境中的人际关系也会更敏感。

可以看出，亲和动机是保持社会交往和人际关系和谐的重要条件，但在处理人际冲突或是进行人事管理时，高亲和动机就成为劣势之一。因此，在处理人际冲突或是进行人事管理的岗位时，应尽量避免安排高亲和动机的员工。

动机测评的维度也是围绕以上三大动机展开的，主要有影响愿望、成功愿望、挫折承受和人际交往等，在设计测评题目或方案时，要特别注意照顾到这些方面，下面来看一些具体的测评题目。

实用范例 工作动机测评（节选）

作答前，请认真阅读以下提示，以确保答题的有效性。

1. 本测评共 25 道题（表 3-8），请对比自己过去和现在的情况，在非常符合、基本符合、不太符合、完全不符合四个选项中做出选择。

2. 回答时请按自己的直觉反应进行作答，不要迟疑不决，拖延时间，请记住是你的意见而不是别人的。

3. 完成本次测评大约需要 3～10 分钟。

4. 请在规定时间内完成测评，否则会导致测评结果无效。

表 3-8 动机测评表

测评题目	完全不符合	不太符合	基本符合	非常符合
我喜欢新奇的、有困难的任务，甚至不惜冒风险				
我在完成有困难的任务时感到快乐				
我容易被那些能了解自己有多大才智或能力的工作所吸引				
我喜欢尽最大努力才能完成的工作				
我喜欢对没有把握的问题坚持不懈地努力				
对于困难的任务，即使没有什么意义，我也很容易投入进去				
面对能测量我能力的机会，我感到是一种鞭策和挑战				
我会被有困难的任务所吸引				
对于那些我不能确定是否能成功的工作，最能吸引我				
给我的任务即使留有充裕的时间，我也喜欢立即开始工作				
能够测量我能力的机会，对我是有吸引力的				
面临我没有把握克服的难题时，我会非常兴奋、快乐				
如果有些事不能立刻理解，我会很快对它产生兴趣				

续上表

测评题目	是否符合			
	完全不符合	不太符合	基本符合	非常符合
我常常发现自己和周围的人谈论与工作无关的事情				
我想让其他人喜欢我				
我乐意和同事建立亲密的关系				
我喜欢隶属于一个群体或组织				
我更喜欢和其他人一起工作而不是一个人				
一想到要去做那些新奇的、有困难的工作，我就感到不安				
对需要有特定机会或能力才能解决的事情，我会害怕失败				
我喜欢竞争和获胜				
我喜欢承担责任				
我能够面对与我意见不一致的人				
我喜欢影响其他人并统一为我自己的方式				
我经常为了获得更多对周围事情的控制权而工作				

3.2.3 兴趣测评

兴趣测评也被称为职业兴趣测评，是一种将被测者的兴趣同各种职业成功员工的兴趣做比较，来判断被测者适合做什么工作的测评方式，测评结果能够为员工前程规划提供参考，职业兴趣测评的最终目的在于将人与职位匹配起来。

与此相关的还有人格类型论，也就是职业心理学家霍兰德提出的六大人格类型，即实际型、研究型、艺术型、社会型、企业型与传统型。这六大人格类型其实代表的也是六种职业兴趣，具有不同职业兴趣的员工，适应的岗位必然是不同的，这也是职业兴趣测评的核心价值。

下面来看一些兴趣测评题目。

> **实用范例** 兴趣测评题目（节选）
>
> 1. 别人评价我做事有条理。　　　　　　　　　　○是　○否
> 2. 我喜欢用个性化的思维方式，创造性地解决问题。○是　○否
> 3. 在集体讨论中，如果没有深入研究，我总是保持沉默。○是　○否
> 4. 我喜欢用声音、文字、绘画等表达自身的情感和思想。○是　○否
> 5. 我喜欢有纪律、清楚的目标，安全及明确的事情。○是　○否
> 6. 如果遇到难题，我会不停思考，甚至彻夜难眠。○是　○否
> 7. 我喜欢收集资料，整合信息。　　　　　　　　○是　○否
> 8. 我喜欢运用理性思考，对世界充满好奇。　　　○是　○否
> 9. 我经常成为班级的风云人物。　　　　　　　　○是　○否
> 10. 我愿意参加班干部或学生会干部的选举。　　 ○是　○否
> 11. 我喜欢表达自己的想法，或者说服别人。　　 ○是　○否
> 12. 夜深人静时，我的学习效率更好。　　　　　 ○是　○否
> 13. 我喜欢监督管理他人工作。　　　　　　　　 ○是　○否
> 14. 我喜欢以行动解决问题。　　　　　　　　　 ○是　○否
> 15. 我从维持团队良好合作中得到满足。　　　　 ○是　○否
> 16. 我喜欢动手操作的事情。　　　　　　　　　 ○是　○否
> 17. 我经常沉醉于美好的音乐之中。　　　　　　 ○是　○否
> 18. 我喜欢尝试不同的新事物，并且能快速的适应。○是　○否
> 19. 我是一个遵守纪律的学生。　　　　　　　　 ○是　○否
>
> …………

3.2.4　价值观测评

价值观是人们常说的一个概念，但人们对此真的有足够深入的了解吗？可能并不尽然，所以，这里首先需要解释的就是价值观的含义。

价值观是一种比较抽象的概念，它是基于人的一定的思维感官之上而作出的认知、理解、判断或抉择，也就是人认定事物、辨定是非的一种思维或价值取向。不同的成长背景、工作环境，获取信息的不同渠道，都有可能或深或浅地影响一个人的价值观。而个体的行为也会在很大程度上受到其价值观的影响。

举个例子，一个成长环境优渥，人生顺风顺水，不怎么受到过挫折的人，在看到一则年轻人因工作压力过大而患上抑郁症的新闻时，可能会对当事人作出抗压能力差、小题大做的评价；而一个真正靠自己从底层打拼起来，吃过苦、受过累的上班族，就可能对新闻当事人产生共情和理解，进而作出鼓励、安慰的评价。

这就是不同的成长环境造成的价值观差异，不能说谁对谁错，只是看待事物的角度和理解方式不同。同样的，人们在自身价值观的影响下，对待不同的工作岗位和工作内容，可能会产生不同的行为，有些行为是积极、有益的，但有些行为就会造成不太理想的结果。

因此，价值观测评的目的就在于将职位与个体价值观之间的冲突尽量降低，在帮助企业了解被测者价值观的同时，也能对企业的职位安排和未来的人力资源分配提供一定的参考。

价值观的分类没有统一的标准，不同的心理学家可能会提出截然不同的分类方式。比如心理学家洛特克，就将价值观分为13种，分别是成就感、审美追求、挑战、健康、收入与财富、独立性、爱与家庭与人际关系、道德感、欢乐、权利、安全感、自我成长和社会交往。

所以，针对不同工作岗位设计的价值观测评方案，侧重点也会有所差异。下面就来看一些测试职业价值观倾向的测评题目。

实用范例 职业价值观测评题目（节选）

下面有××道题目（表3-9），每个题目都有五个备选答案，请根据自己的实际情况或想法，在题目后面圈出相应字母，每题只能选择一个答案。

A.非常重要；B.比较重要；C.一般；D.较不重要；E.很不重要。

表3-9 职业价值观测评表

测评题目	备选答案				
	A	B	C	D	E
在工作中，你不会因为身体或能力等因素被人瞧不起					
你能从工作的成果中知道自己做得不错					
你的工作经常要外出参加各种集会和活动					
只要你开始工作，就不会再被调到其他意想不到的公司和工种上去					
你的工作能使世界更漂亮					
在你的工作中不会有人常来打扰你					
只要努力，你的工资会高于其他同年龄的人，升职或涨工资的可能性比干其他工作大得多					
你的工作是一项对智力的挑战					
你的工作要求你把一些事务管理得井井有条					
你的工作单位有舒适的休息室、更衣室及其他设备					
……					

3.3 对人才测评方法的选择

不同性质的企业、不同职能的岗位或是不同目标的团队，对人才的需求都可能产生差异，这一点在前面的内容中也反复强调。毕竟人具有相当大的多元性，每个人的性格都是独特的，每个人所擅长的领域、所侧重的方向都可能与当前的职位或层级有所出入，完美契合的情况实际上很少见。

为了将这种出入降到最低，将合适的测评方法应用到合适的岗位，契合于合适的目标，相关人员就要学会如何选择恰当的测评方法，并做到有理有据。

3.3.1 选择测评方法的依据

测评方法的选择需要遵循一定的依据，主要取决于测评目的、测评对象、测评维度和测评规模。相信读者经过前面内容的学习后，对这几方面的内容也有了不同程度的了解，无论是在设计测评方案还是编制测评题目时，这几方面内容都是需要考量的，选择测评方案时自然也不例外。

①根据测评目的选择测评方法：测评目的主要有五大类，分别是选拔人才、人力资源配置、人力资源开发、问题诊断和素质考核。为了让每次的测评活动更有针对性，相关人员需根据其目的的不同而选择合适的测评方法。比如原本是用于选拔人才的笔试和实操测试，放到问题诊断上显然不合适，不仅难度较大，诊断也不全面，很不利于后续工作的开展。

②不同测评对象对应不同测评方法：测评对象主要有个人和职位两类，前者更注重对个体的自然特性、社会特性和职业特性的测评，后者则主要是围绕某一岗位所要求的素质和能力开展的测评活动。简单来说，当测评对象是个人时，测的是"我适合做什么职业"；当测评对象是职位时，测的是"什么人适合这个职位"，二者之间的区别还是很明显的。

③测评维度需要有所侧重：测评维度包含众多，分类更是繁杂，如果事先不确定好需要侧重的方面，后续的方法选择和测评实施都将变得非常困难。举个简单的例子，当一个企业的财务岗需要招人，其测评维度必然会更侧重于专业能力、数字敏感度和员工的责任心、细致程度等方面，但人力资源部门却拿出了一份宽泛而缺乏针对性的测评方案，其中甚至还有无领导小组讨论，很显然，这份测评方案既没有侧重点，也不契合测评对象需要衡量的素质。

④测评规模会影响测评方法的选择：尽管测评规模对于测评方法的影响在前面的内容中并没有过多提及，但这并不意味着它不需要被重视。实际上，许多企业为了控制测评成本或是提高测评效率，会更加重视测评规模的大小。比如在招聘高峰期内，可能会出现上百个求职者共同竞争寥寥数个岗位的情况，为了加快招聘进度，降低招聘成本，企业可能会采用群体面试、无领导小组讨论等快速筛选人才的测评方法；当高峰期暂缓，求职者数量锐减时，为了精益求精，企业又可能变换为一对一面试、情景模拟测评、公文筐测评等方式。

3.3.2 选择测评方法的原则和注意事项

在选择测评方法时，有一些原则和注意事项是有必要遵循和强调的。其中，选择的原则主要有匹配原则、全面原则、有效原则、公正原则和经济原则，下面通过表3-10来逐一了解。

表3-10 选择测评方法的原则

原　则	含　义
匹配原则	这里的"匹配"主要指的是测评目的、测评对象、测评维度和测评规模等要素与测评方法的匹配，不能混用，更不能滥用
全面原则	没有任何测评方法能一次性完全测试出某一个体的素质水平，因此，相关人员在选择测评方法时，一定要注意不同方法之间的互补性以及测评维度的全面性，不要为了盲目降低成本或是减少流程而忽视这一原则
有效原则	有效原则主要看重的是测评方法的信度和效度，具体内容已经在第1章1.2.2节中介绍过了。同时，不同的测评方式对信度系数的高低要求不同，效度系数也有所差异，详细的表格在第2章2.2.4节中有展示，读者如果有需求，可以返回查看
公正原则	公正原则主要体现在测评程序、评价标准、量化过程等方面，注重的是公正性和客观性，力求尽量降低主观因素或内外部环境可能造成的，对测评结果的影响
经济原则	经济原则很好理解，就是在能够保证测评质量的情况下，合理降低测评成本，控制测评流程，做到高效、快速、节约

选择测评方法的注意事项大致有四点,具体如图 3-11 所示。

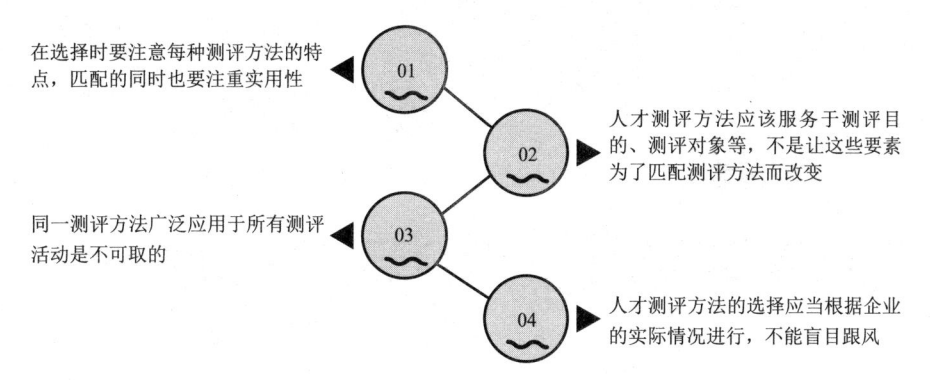

01 在选择时要注意每种测评方法的特点,匹配的同时也要注重实用性

02 人才测评方法应该服务于测评目的、测评对象等,不是让这些要素为了匹配测评方法而改变

03 同一测评方法广泛应用于所有测评活动是不可取的

04 人才测评方法的选择应当根据企业的实际情况进行,不能盲目跟风

图 3-11 选择测评方法的注意事项

第4章
落地实施：模型构建与技术解析

人才测评的主要模型就是岗位胜任力测评模型，它是达成人职匹配的关键，也是人才测评技术中的重要组成部分。除此之外，笔试测评、面试测评、评价中心测评和人格心理测评这四大常用测评技术，也是相关人员需要了解和掌握的。

4.1 岗位胜任力测评模型构建

岗位胜任力测评模型也被称为胜任素质模型、胜任能力模型等，该模型的构建是人才测评流程中比较关键的一部分，对于人力资源工作者和相关从业人员来说，深入了解胜任素质模型是必修课之一。

4.1.1 胜任素质模型的概念与特点

首先需要明白什么是胜任素质。胜任素质又称胜任特征、能力素质等，指的是在特定企业的环境中，在具体的工作岗位上，做出优秀业绩所需要的知识、技能和行为。

该名词最初由心理学家戴维·麦克利兰提出，他认为胜任素质是指特质、动机、自我认知、社会角色、态度、价值观、知识和技能等能够可靠测量，并且可以把高绩效员工与一般绩效员工区分开来的任何个体特征。

这些个体特征构成了著名的麦克利兰冰山模型，简单来说，就是根据个体素质的不同表现形式，将其划分为"水上"的、可视的部分，以及"水下"的、掩藏的部分，构成一座漂浮的冰山，如图4-1所示。

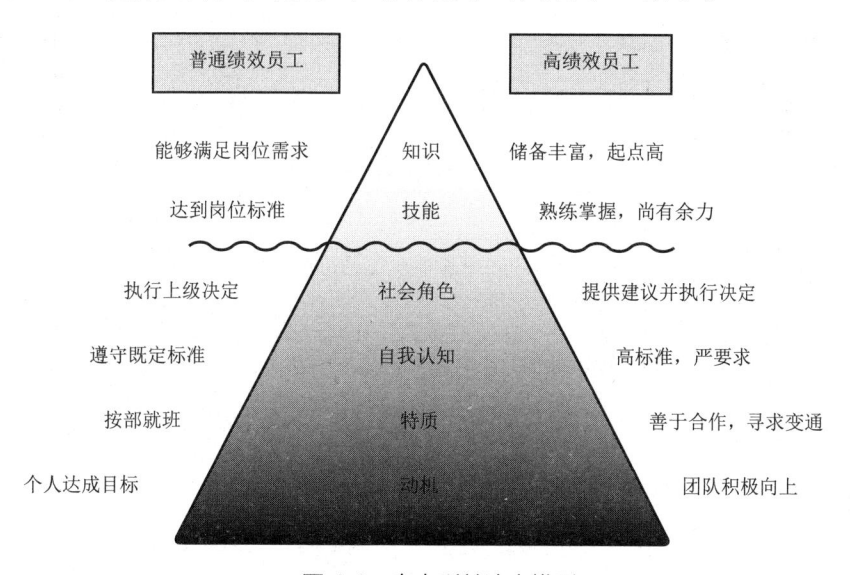

图4-1 麦克利兰冰山模型

从图 4-1 中可以看到，"水上"的部分包括知识和技能，是个体素质的外在表现，也是容易了解与测量的部分，相对而言也比较容易通过培训来改变和发展。

而"水下"的部分包括社会角色（角色定位）、自我认知、特质和动机，是内在的、难以测量的个体素质，越往下的素质越难挖掘和发现。这些素质不容易受到外界的影响而发生改变，但却对个体的行为和外在表现起到了关键的作用，也是预测个体未来绩效的重要因素。

胜任素质模型就是基于胜任素质而建立的，是担任某一特定的任务角色需要具备的胜任特征的综合结构。

简单来说，胜任素质模型就是代表一个人能做什么（技能、知识）、想做什么（角色定位、自我认知）和为什么做（价值观、特质、动机）的内在特质的组合。

胜任素质模型主要有三个特点，具体如图 4-2 所示。

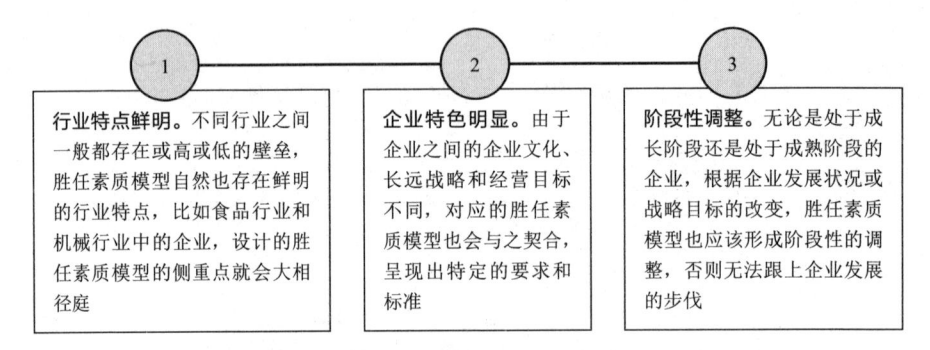

1	2	3
行业特点鲜明。不同行业之间一般都存在或高或低的壁垒，胜任素质模型自然也存在鲜明的行业特点，比如食品行业和机械行业中的企业，设计的胜任素质模型的侧重点就会大相径庭	**企业特色明显**。由于企业之间的企业文化、长远战略和经营目标不同，对应的胜任素质模型也会与之契合，呈现出特定的要求和标准	**阶段性调整**。无论是处于成长阶段还是处于成熟阶段的企业，根据企业发展状况或战略目标的改变，胜任素质模型也应该形成阶段性的调整，否则无法跟上企业发展的步伐

图 4-2 胜任素质模型的特点

4.1.2 胜任素质模型的维度和组成要素

胜任素质模型有六大维度，即知识、技能、社会角色、自我认知、特质和动机，下面通过表 4-1 来了解其内涵。

表 4-1　胜任素质模型六大维度

维　度	内　涵
知　识	不仅指员工所具备的、能够完成某项具体工作的专业知识，也指员工对某一特定领域所需技术与知识的掌握情况，以及对企业内部规定、管理层级、战略目标的知悉程度
技　能	指员工利用相应知识与实操经验完成具体工作的技术或能力，可分为通用技能（Excel 使用技能、写作表达技能等）和专业技能（编程技能、机械操作技能等）
社会角色	指员工在一个团队或部门中扮演的角色或留给他人的印象，比如张某是一个"踏实肯干的人"，李某是一个"上进活跃的人"，王某是一个"凝聚力很强的人"
自我认知	指一个人对自己的看法，即内在自己认同的本我，也可以理解为对自己的要求和定位，比如高绩效员工自我定位为团队骨干，就会用高标准严格要求自己
特　质	特质也可以称作品质，是指员工的个性、身体特征对环境与各种信息所表现出来的持续而稳定的行为特征，比如某个员工具有"勤奋"的特质，另一个员工又具有"圆滑"的特质
动　机	动机是引起、维持和指引人们从事某种活动的内在动力，具体在第 3 章 3.2.2 节动机测评的内容中有详细介绍

胜任素质模型的要素种类非常多，但综合起来可大致分为六大类、20 个要素，具体如图 4-3 所示。

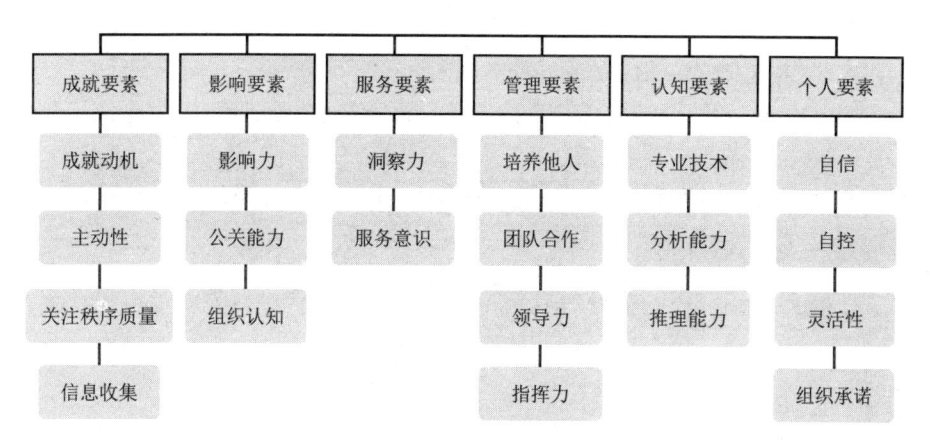

图 4-3　胜任素质模型的要素种类

4.1.3　通过何种方式构建胜任素质模型

行为事件访谈法，简称BEI（behavioral event interview），是一种开放式的，关键事件法和主题统觉测验法结合的行为回顾式探索技术，也是最为常见的胜任素质模型构建方法。

行为事件访谈法不同于传统的访谈方法，它通过对受访者的深入访谈，收集受访者在任职期间所做的成功和不成功的事件描述，挖掘出影响目标岗位绩效的要素后，对收集到的具体事件和行为进行汇总、分析，然后在不同的被访谈群体（绩效优秀群体和绩效普通群体）之间进行对比，进而找出目标岗位的核心素质。

> **知识扩展　什么是关键事件法和主题统觉测验法**
>
> 关键事件法：由上级主管者记录员工平时工作中的两种关键事件，即做得特别好的和做得特别不好的。在事先确定的时间之后，通常是半年或一年之后，利用积累的事件记录簿，由主管者与被测者针对相关事件进行讨论，为测评提供一定的依据。
>
> 主题统觉测验法：这实际上是一种心理测验方式，测验包含30张黑白图片和一张空白卡片，内容多为一个或多个人物处在模糊背景中，但意义隐晦。测验时，根据被测者的性别以及成年与否（以14岁为界），取统一规定的19张图片和一张空白卡片，每张图片为一题。被测者的任务是看一张图片，然后据此讲个故事，给意义隐晦的图片赋予更为明确的意义。这样研究者就可以对故事内容进行分析，捕捉蛛丝马迹，从而了解被测者的内心世界。

行为事件访谈法的实施步骤比较简单，但其中包含的一些关键技术还需要相关人员认真研究。

①自我介绍和目的解释。访谈者在开始前，首先要进行的就是自我介绍，以及对此次访谈内容、目的和时间等方面的解释，融洽气氛，拉近彼此关系，以便后续访谈工作的进行。

②获取受访者信息。访谈者需要获取的信息包括但不限于受访者的工

作职位、内容、职能、责任、上下级关系等，从中发现值得深入挖掘的方向，为下一步的访谈进行铺垫。

③开始具体访问。访问过程中，访谈者一般会采用STAR（situation task action result）提问技术，来深层次挖掘出事例中具体的行为细节，同时防止受访者表述不清、偏题跑题等情况的出现，引导他们集中谈论真正体现其个人素质的关键事件，并针对谈话具体内容追问下去，直到获得所需要的信息。

这里需要重点分析的就是STAR提问技术，它原本是结构化面试当中非常重要的一个理论，应用到行为事件访谈法中时，就是一种有效而精准的提问技术，如图4-4所示。

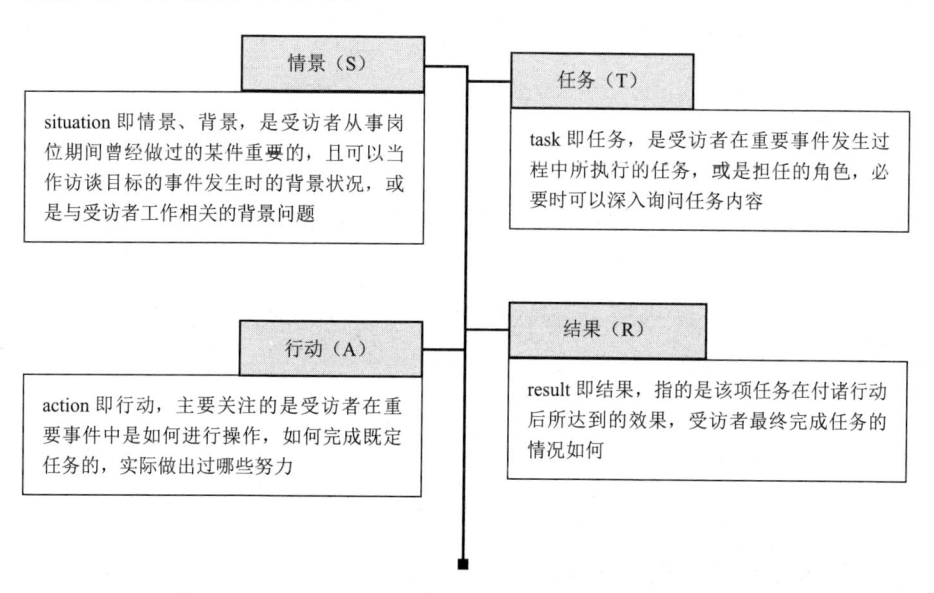

情景（S）

situation即情景、背景，是受访者从事岗位期间曾经做过的某件重要的，且可以当作访谈目标的事件发生时的背景状况，或是与受访者工作相关的背景问题

任务（T）

task即任务，是受访者在重要事件发生过程中所执行的任务，或是担任的角色，必要时可以深入询问任务内容

行动（A）

action即行动，主要关注的是受访者在重要事件中是如何进行操作，如何完成既定任务的，实际做出过哪些努力

结果（R）

result即结果，指的是该项任务在付诸行动后所达到的效果，受访者最终完成任务的情况如何

图4-4　STAR提问技术

在运用STAR提问技术进行访谈时，还需要注意一些常见的访谈误区。

①避免与受访者产生过多的关于理论化或是空泛化的对话，简单来说就是不要跑题或是谈论无意义的内容。访谈者应当给予受访者正确的引导，必要时可以礼貌打断受访者的发言。

②避免对话转向抽象，行为事件访谈的重点是了解受访者过去实际做过的事，而不是由此事引发受访者的思考，开始进行抽象的思想交流。

③避免使用假设性的问题或是让对话进入假设性的描述中，简单来说，访谈者需要引导受访者说出实际做过的事、产生过的想法，而不是假设当时如何，受访者又会如何。

④避免使用带有引导性质的问题，不要将受访者引导到原本没有发展过的方向上，引出一系列抽象和假设的描述。

⑤访谈过程实事求是，客观辩证，避免过度揣测受访者的心理或是可能做出的反应。

下面来看一些常用的行为事件访谈提问方式，以及访谈者希望得到和不希望得到的回答。

实用范例　行为事件访谈示例

【常用提问】

1. 请举一个例子，说明通过你良好的沟通和协调，使事情圆满地得到解决。

2. 请告诉我，过去您的领导是否为您安排过一项具有挑战性的任务？如果有，请谈谈您是怎么完成的。

3. 请谈谈您在近一个月的部门经理工作中，营销策划能力表现得最充分的一次经历。

4. 在营销策划方面，您过去的具体经验是什么？

5. 请谈谈过去什么时候，您对自己在管理决策方面的能力感到最满意？

【希望听到的回答和不具有意义的回答】

问：请描述在过去工作中，你做过的超过工作本身要求的事情。

答1：我记得那时我初到信息系统部，尽管我不是程序员（背景），我还是决定学一门程序设计课程。这样领导需要我们做点什么的时候，我就知道他的意思了（行动）。领导对我的这一举动非常满意，并要求其他几人也学习类似的课程（结果）。

这样的回答包含了 STAR 中的"S""A"和"R",比较符合访谈者的目的和需求,稍后针对每一个要素进行深入了解即可。

答2:工作中我总是积极主动,我们部门里的每个人都很能干,为了完成工作任务,不惜付出任何代价。我坚信雇员应认识到每人都应具有全面的工作能力,至于我,倘若学习新的技能或承担更多的责任对集体有利,毫无疑问,我会主动去做的。

很明显,这样的回答基本是浮于表面、华而不实的,假设性和抽象的话语太多,但实际做过的事却只字未提,STAR 中的四大要素也没有涉及,所以这种回答就需要访谈者进行适当的引导,使其回归到实际中。

4.1.4 胜任素质模型的构建过程

胜任素质模型的构建流程与前面介绍过的测评指标体系的建立流程比较类似,都需要经过目标确定、资料收集、模型建立和验证评估等阶段,但其中的细节还是有较大差异,大致流程如图 4-5 所示。

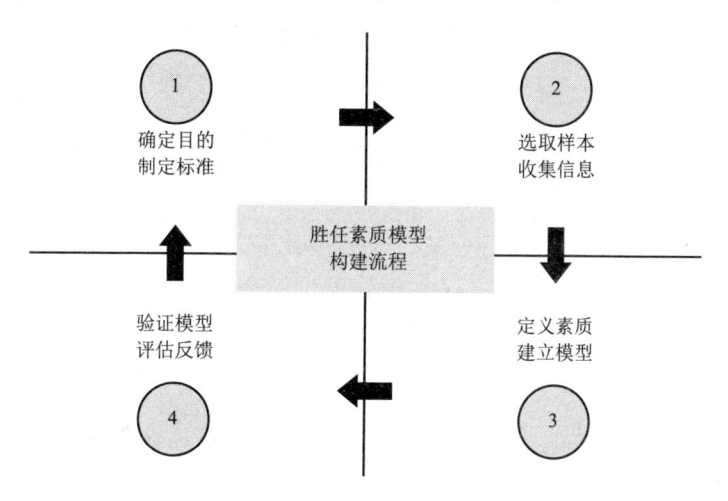

图 4-5 胜任素质模型的构建流程

下面就来对每一步流程做详细的解析。

(1)确定目的,制定标准

建立胜任素质模型的第一步,应该明确模型测评的目的和目标是为了选拔而存在，还是为了人力资源配置而存在。

同时，相关人员还要明确岗位的绩效标准如何，员工需要达成什么样的成就才能被称为优秀。也就是说，企业需要制定一套客观明确的定性与定量的基准指标，用于衡量和判定绩效的优劣或是等级之分。

一般来说，绩效指标可分为硬性和软性两种，其含义也很好理解。举个简单的例子，对于销售人员来说，销售额、获客率等指标肯定就是硬性要求，但客户好感度、人际关系处理情况、业务拓展范围等方面，就属于比较缓和的附加要求了。之所以将其考虑到绩效标准之中，是因为通过这些因素，能够从一定程度上预测出销售人员未来的成就和绩效高低。

（2）选取样本，收集信息

样本的选取是很关键的一步，一份好的样本应该覆盖面广、有代表性、取样公正合理。同样岗位的从业人员中，通常会分为高绩效员工和普通绩效员工甚至低绩效员工，相关人员在取样时，就应该从不同的等级中随机抽取一定数量的人，而不是只抽取高绩效员工或是普通绩效员工。

信息的收集则需要集中在对胜任素质的定位上，前面已经介绍过行为事件访谈法，除此之外，还可以采用专家讨论法、问卷调查法、工作行为分析法和焦点小组访谈法等方式，全方位、多方面地对特定岗位的胜任素质进行分析。

（3）定义素质，建立模型

信息收集完毕后，就可以进入对胜任素质进行定义的环节了。胜任素质的定义应当简洁精准，直指核心，并且针对不同的行为等级，需要进行相应的差异性描述，便于评估人员进行衡量。

下面通过表4-2来看看一些胜任素质的定义和分级描述。

表 4-2 胜任素质的定义和分级描述（节选）

受教育程度：以所学习或掌握的知识为衡量标准，专业是否对口等					
	一级	二级	三级	四级	五级
学历	初中、高中	中专、技校	大专	本科	硕士以上
专业对口	无	非本专业	专业对口	专业非常对口	专业很胜任

工作经验：指从事本岗位工作必须具备的在专业工作实践中积累的知识和能力
1. 岗位经验（从事过与本岗位职责要求相近的工作年限）
2. 行业经验（从事过与本公司同行业的工作年限）

	一级	二级	三级	四级	五级
岗位经验	1年以下	1～3年	3～6年	6～9年	9年以上
行业经验	1～2年	2～5年	5～8年	8～11年	11年以上

基础知识：包括行业知识、产品知识、公司文化（发展历史、理念价值观等）、组织结构、基本规章制度和流程等

一级	二级	三级	四级	五级
熟悉员工手册等基本知识	了解公司发展历史、相关产品知识，熟悉本岗位相关管理制度和流程	了解公司历史、现状、未来发展方向目标、全部产品知识以及相关管理制度流程	全面了解公司历史、现状、未来发展目标、全部产品知识以及相关管理制度流程	熟悉公司整体运作流程、制度，了解公司整体战略规划，以及战略目标

财务知识：包括A.会计学原理、统计学原理、税收；B.工业企业财务管理、工业企业会计、会计电算化；C.管理会计、成本会计；D.审计学；E.金融证券、投融资管理

一级	二级	三级	四级	五级
了解某一类所包含的基本知识	掌握A、B类知识，了解C类知识	精通A、B、C类知识	精通A、B、C类知识，掌握D类知识	精通A、B、C、D、E类知识

续上表

| 战略知识：包括战略知识、营销知识、财务知识、人力资源知识、生产管理知识、专业技术知识、质量管理知识、环境管理知识、法律知识、计算机及信息系统知识和专业外语知识等 ||||||
一级	二级	三级	四级	五级
了解战略管理的一般理论基础知识以及概念	掌握公司某个商务战略下经营单位战略策划与战略管理的知识	掌握公司某一个或几个商务战略的操作战略（细分职能战略）策划与战略管理的知识，包括制造（生产、物流）、营销、财务、研发、质量、人力资源	掌握公司商务战略的操作战略策划与战略管理的知识，包括制造、营销、财务、研发、质量、人力资源等	掌握公司整体战略策划与战略管理的知识（含战略分析、战略选择、战略实施）
……				

从表4-2也可以看出，一个完整的胜任素质模型应当包含胜任素质名称、特征描述、行为指标等级等基本信息，有些还会给每项胜任素质赋予权重，以提高胜任素质模型的精准性。

（4）验证模型，评估反馈

胜任素质模型的验证有很多不同的方法，专业机构通常会采用回归法等专业技术手段来对其进行验证。

而一般的企业则可以采用实际验证的方式，比如从另一个组织或团队中选取新样本，通过已有的胜任素质模型进行检验，看其是否能够预测新样本中员工的绩效和行为。

完成验证后，相关人员就要将验证的结果进行反馈，模型是否合理、测验效果是否达标、与岗位是否匹配等方面都应该包含在反馈内容中，以便后续进行修正。

4.1.5 模型构建完成后的应用

胜任素质模型构建完成后该如何实施，应用过程中有哪些事项需要注意，又有哪些误区需要避开，这些内容都将在本节中详细描述。

根据不同的目的和战略需求，胜任素质模型有不同的应用方式，比如在招聘活动、员工培训以及绩效考核中，胜任素质模型起到的作用就不尽相同，下面通过图4-6来展示。

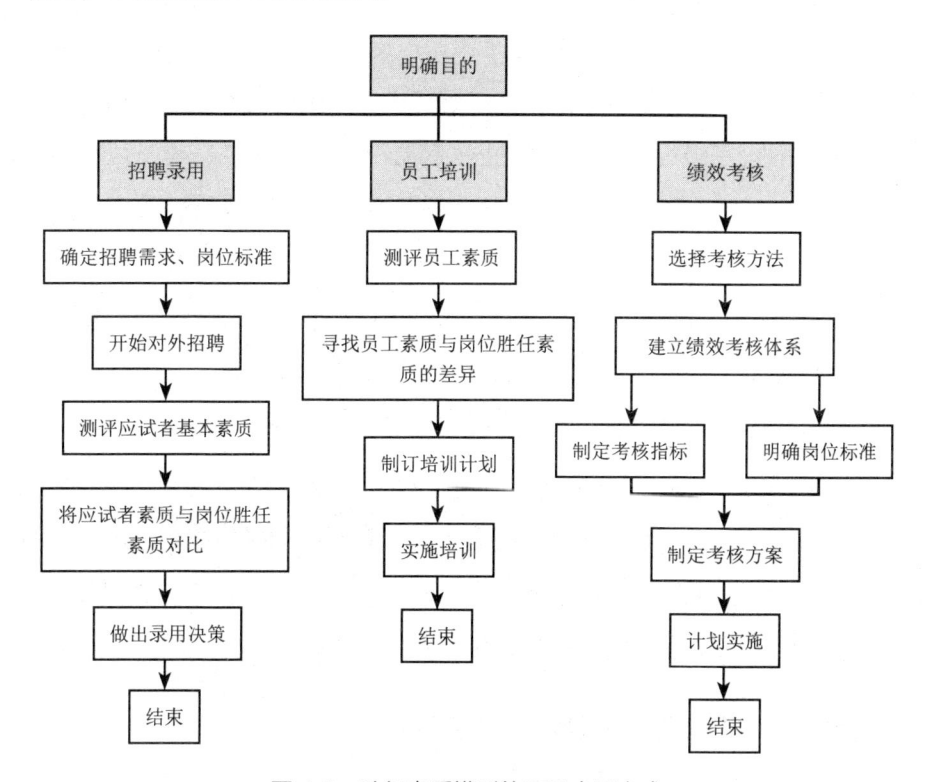

图 4-6　胜任素质模型的不同应用方式

胜任素质模型付诸实际后，可能会产生一些误区，需要相关人员特别注意，如下所述。

① 过于关注过去的表现，没有兼顾未来的发展：有些企业或人力资源部门在使用胜任素质模型时，将重点放在了衡量员工过去的成就和业绩上，却忽视了预测员工未来的发展可能性，无法将员工与企业未来发展战略有机地结合起来，这样可能错失一些正处于发展中的人才，不利于企业效益的扩大和人才的发掘。

②没有与人力资源工作充分结合：胜任素质模型需要与人力资源工作结合起来，才能发挥最大的效用。如果仅仅是对员工、对应试者进行测评，却没有进行相应的培训或选拔安排，那么胜任素质模型的意义将被大大削弱，更无法促进企业战略目标的实现。

③胜任素质模型没有实现全面覆盖：这里的全面覆盖不仅指模型对测评对象、测评目的的全方位覆盖，还意味着当员工晋升或调岗后，依旧能够通过不同等级或不同岗位的胜任素质模型，发现自己与岗位标准、与优异者之间的差距，从而明确自身发展方向，进行持续的潜力开发与培养。

④重视模型的构建，却不重视实际应用：很多企业为了精益求精，将工作重心放在了对胜任素质模型的构建上，但当其应用到实际工作中，却没有考虑到理论与真实的差距，导致模型利用不充分，内外部因素造成较大影响使得最终结果参考受限等情况。

一般来说，一个成熟的大型企业内部会有专门的文件或是手册，其中包含了几乎所有岗位的胜任素质模型，供人力资源工作者和其他相关人员使用。下面展示某公司的胜任素质模型手册目录，供读者参考。

实用范例 ××公司胜任素质模型手册目录（节选）

第1章　胜任素质模型的建立

1.1　胜任素质模型的基本内容

1.2　胜任素质模型的建立步骤

1.3　胜任素质模型在人力资源管理中的应用

第2章　高层管理人员胜任素质模型

2.1　总经办主任职业素养定义表

2.2　总经理助理胜任素质模型

2.3　执行总裁胜任素质模型

2.4　采购总监胜任素质模型

2.5　行政总监胜任素质模型

第 3 章　销售部胜任素质模型

3.1　销售部人员知识分级定义表

3.2　营销知识分类详表

3.3　业务拓展主管胜任素质模型

3.4　渠道主管胜任素质模型

3.5　渠道专员胜任素质模型

3.6　导购主管胜任素质模型

3.7　导购专员胜任素质模型

…………

4.2　笔试测评技术

笔试测评可以说是应用最为广泛的测评技术之一，当今世界大部分的社会选拔考试、职业资格考试和教育性质考试等，几乎都采用了笔试的方式。原因在于笔试具有经济高效、覆盖面广、客观公正、信度效度可观、实用性强等优势，为人才测评提供了相当大的参考价值。

相信大部分读者都曾经历过笔试，或者填写过问卷，但专用于人才测评的笔试可能就没有接触太深。本节就将针对人才笔试测评进行深入解析，帮助相关人员了解和掌握。

4.2.1　笔试测评的题型及考核内容

笔试测评的题型一般分为两种，即客观题型和主观题型。

（1）客观题型

客观题也称固定应答型试题，是让考生从事先拟定的答案中辨认出正确答案，阅卷者可以进行客观评分的题目，主要有判断题、单项和多项选择题、填空题、匹配题等类型。

客观题的优点很明显，一是题量大、覆盖面广；二是信度高，结论客观公正。但其缺点也是存在的，那就是难以考量应试者的思维模式、语言表达能力、认知能力以及人格心理状况等。

客观题的编制和判定需要符合以下两个方面。

①题目的答案事先提供，并且固定。

②答题结果客观精准，评分不受阅卷者主观意识影响。

下面展示几个典型的客观题型。

实用范例 典型的客观题型

【判断题】发行债券不属于筹资活动引起的财务活动。（　　）

【单选题】在下列观点中，既能够考虑资金的时间价值和投资风险，又有利于克服管理上的片面性和短期行为的财务管理目标是（　　）。

A. 企业价值最大化　　　　　B. 利润最大化

C. 每股收益最大化　　　　　D. 资本利润最大化

【多选题】企业的财务状况主要体现在（　　）等方面。

①营运能力　　②盈利能力　　③成长能力　　④偿债能力

A. ②④　　B. ①③　　C. ②③④　　D. ①④

【填空题】根据集团战略及相应组织架构，企业集团管控主要有_____、_____、_____基本模式。

【匹配题】请将以下左右两侧的内容匹配起来。

企业中的经营预算（　　）　　　A. 现金预算

　　　　　　　　　　　　　　　B. 业务收支预算

企业中的财务预算（　　）　　　C. 费用预算

　　　　　　　　　　　　　　　D. 资产负债表预算

（2）主观题型

主观题与客观题相对应，指的是应试者自己组织材料，并采用合适的方式表达陈述出来的题型，主要有辨析题、论述题、简答题、案例分析题和写作题等类型。

显然，主观题能够考查的方面更多，应试者的思维方式、表达能力和知识技能等维度都可以涉及，有些主观题还能考查到应试者的人格特征、价值观等抽象概念。正因如此，主观题的劣势也显现出来，首先是题量会有所减少，那么考查的范围就有限。同时，主观题的评分受阅卷者的主观影响相对较大，无法完全保证客观性和公正性。

主观题有以下特征。

①试题答案具有较大的灵活性和开放性，没有固定的标准答案。

②文字描述类题目没有固定的答题模式，应试者可自由发挥。

③评分标准不统一，根据阅卷者而定。

下面展示几个典型的主观题型。

实用范例 典型的主观题型

【辨析题】某民工与某私营企业签订的劳动合同约定每日领取 2 400.00 元的工资。但当他得知当地劳动部门规定最低工资不能低于 2 600.00 元后，要求老板更改合同，老板却说："我们的劳动合同是在双方自愿的前提下达成的，合同一经签订即产生法律效力，受法律保护，不能随意更改。"

辨题：已经签订的劳动合同具有法律效力，双方不能随意改动。

【论述题】公司想做互联网保险产品，但不确定初期用户群体、内容和用户体验程度，产品经理找到你，要求三个月内确定目标用户。请罗列整体思路、调研规划、对象选取、研究内容和研究方法。

【案例分析题】××食品厂是"佳乐"注册商标的商标权人，该商标使用在罐头商品上。某日，该食品厂发现××罐头厂在罐头上使用未注册的商标"家乐"牌，且包装与"佳乐"商品包装相似。××仓储公司帮助××罐头厂运输、存储"家乐"罐头，并在××商场销售。

请回答下列问题：

1."佳乐"与"家乐"是否构成商标近似？为什么？

2.××罐头厂的商标是否侵犯了"佳乐"的商标权？为什么？

3.××仓储公司是否应承担责任？

4.××商场是否应承担责任？

【写作题】下面几则有关反省的经典言论，带给你怎样的联想和思考？请任选一则，自选角度，自拟题目，写一篇文章。

子曰："见贤思齐焉，见不贤而内自省也。"——《论语·里仁》

曾子曰："吾日三省吾身，为人谋而不忠乎，与朋友交而不信乎，传不习乎。"——《论语·学而》

知不足，然后能自反也，知困，然后能自强也。——《虽有嘉肴》

4.2.2 笔试测评的方法有哪些

笔试测评方法虽不多，但都非常常用，可以根据不同的依据来进行划分。

根据笔试的形式，可以将其分为线下纸质的笔试和线上计算机的笔试，这两种形式的应用场景有所不同。

（1）线下纸质的笔试

线下纸质的笔试更为正式和严肃，考官也可以更好地组织考生。现今大部分的学校和升学考试都采用的是线下纸质的笔试形式，一些大型企业、商业银行以及大部分的政府机关、事业单位在招聘时，也会采取这种方式。

（2）线上计算机的笔试

线上计算机笔试的应用也很广泛，许多企业在进行初轮招聘时都喜欢采用这种方式，既节省了成本，也节约了精力，还能通过计算机阅卷达到快速筛选的目的。不过，这种方式很难杜绝作弊行为，形式也不规范，会给考生一种松散感，影响发挥。

但如果是统一组织考生到特定的计算机房或是考试专用场所进行线上

考试，那么也能达到严格管理的目的，有时候甚至比线下纸质的笔试还要规范。现在许多职业等级考试就是采用的这种计算机考试，能大大节省成本，提高阅卷效率。

比如初级会计职称考试，在 2022 年的报考人数就达到了约 325 万人，如果全部采用纸质笔试的方法，可想而知其工作量的巨大，待到阅卷完毕查询成绩，考生可能要等上一两年之久。但这种考试是每年都在进行的，由此可见计算机笔试方式的优越性和重要性。

根据笔试的形式，可将其分为开卷考试和闭卷考试。

①开卷考试就是允许考生在笔试期间查阅资料的考试，资料需要自行携带，根据笔试形式的不同，可分为线上资料和线下资料，但含义都是一样的。

一般来说，开卷考试分为有用型开卷和无用型开卷。用通俗的话来说，有用型开卷考试时，考生可以从资料中明确找到答案并作答，一些普通的、简单的、重要性不高的知识性考试就会采取这种方式，比如企业文化了解程度测试。

而无用型开卷考试时，资料只能作为参考，不能为考生提供答案信息，这种考试有时候比闭卷考试还困难。比如高级会计职称考试，尽管只有高级会计实务这一个科目，试题题型也只有案例分析题，还是开卷考试，但它绝不会比初级会计职称考试简单。

②闭卷考试指的是考生不能携带任何与考试相关的资料进行参考，只能依靠自己作答。这种方式应用最为广泛，也更能客观、公正地反映出考生的能力，大部分笔试都是闭卷考试。

4.2.3　笔试测评的实施流程

笔试测评的实施流程大致可分为三大块，分别是施测前、施测中和施测后，通过图 4-7 可以梳理清晰。

施测前

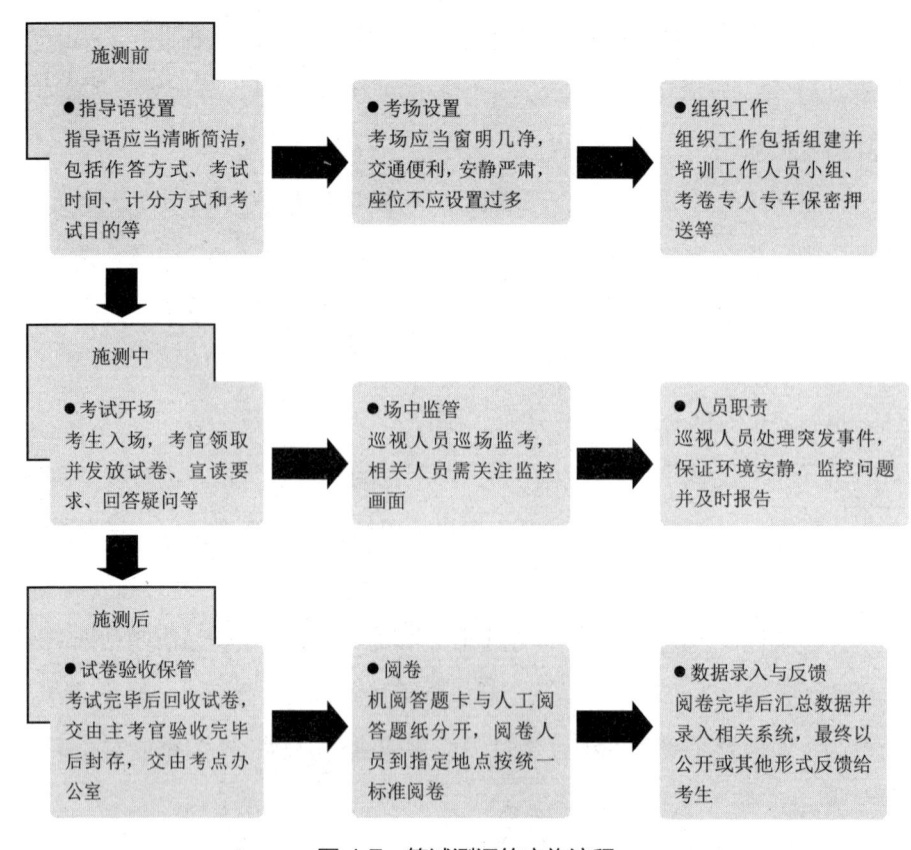

- 指导语设置
  指导语应当清晰简洁，包括作答方式、考试时间、计分方式和考试目的等

- 考场设置
  考场应当窗明几净，交通便利，安静严肃，座位不应设置过多

- 组织工作
  组织工作包括组建并培训工作人员小组、考卷专人专车保密押送等

施测中

- 考试开场
  考生入场，考官领取并发放试卷、宣读要求、回答疑问等

- 场中监管
  巡视人员巡场监考，相关人员需关注监控画面

- 人员职责
  巡视人员处理突发事件，保证环境安静，监控问题并及时报告

施测后

- 试卷验收保管
  考试完毕后回收试卷，交由主考官验收完毕后封存，交由考点办公室

- 阅卷
  机阅答题卡与人工阅答题纸分开，阅卷人员到指定地点按统一标准阅卷

- 数据录入与反馈
  阅卷完毕后汇总数据并录入相关系统，最终以公开或其他形式反馈给考生

图 4-7 笔试测评的实施流程

以上流程是以线下纸质笔试方式为例梳理的，线上计算机笔试方式又会有所差异，但大体流程还是比较相似，这里不再赘述。

4.3 面试测评技术

面试基本是大部分企事业单位招聘的必经流程，甚至是很多企业招聘的唯一人才测评方式，其重要性和实用性不言而喻。通过面对面、一对一或是多对一的方式交流，面试官能够有效了解应试者的基本素质能力。

同时，面试测评技术灵活性较强，不仅能应用于招聘中，在人才选拔和人力资源配置等方面也有较好的表现。因此，相关人员想要做好人力资源工作，就要掌握好面试这门看似简单实则复杂的测评技术。

4.3.1 面试测评的特点与形式

面试测评的特点具体如图 4-8 所示。

1. 互动性。互动性是面试测评很有优势的一个特点，在一对一面试中，考官与应试者之间应当积极交流信息，在多对一或是群体面试中，考官与应试者、应试者之间都应当有交流行为，互相影响，提高沟通效率，让考官对应试者有更充分的了解

2. 主观性。面试的主观性主要集中在考官身上，面试中对于应试者的评价没有统一的标准，受考官的主观因素影响较大。因此，为避免判断失误或是专一独断的情况出现，许多企业的面试测评都会采用多对一的方式，综合不同考官的意见进行评判

3. 直观性。直观性是指通过面对面交流的方式，考官能够以更直观的方式来了解应试者，将其与简历对应起来。比如简历上显示该应试者说服能力和表达能力较强，但只有通过面试交流的方式，考官才能真正了解应试者的能力有多强

4. 灵活性。灵活性高也是面试的一大优势之一，除了严格的结构化面试以外，普通的面试都是变通性较强的，考官既可以用知识性的问题测试对方的基本素质，也可以通过开放式的问题考查对方的表达能力、心理素质、个性特点等

5. 复合性。这里的复合性主要是指考官获取信息的多元性，面对面观察时，除了应试者展示出的素质能力等基本信息之外，应试者的语调、语速、眼神、面部表情、肢体动作等都应该纳入考官的观察范围内，综合这些信息得出的结论才尽可能准确

图 4-8 面试测评的五个特点

面试测评形式十分多样化，划分方式众多。按照面试的实施形式，可将其分为线下面试、电话面试和视频面试。

①线下面试：线下面试属于传统的面试方式，考官和应试者会在特定场所面对面进行交流。

②电话面试：电话面试则是双方通过电话进行语音沟通，实际中不太

常见，形式也不规范，很少有企业会采用，一般是因特殊情况双方无法见面时采用的应急面试方法。

③视频面试：视频面试介于线下面试与电话面试之间，尽管无法像传统面试那样获取最完整的信息，但视频面试依旧是很多企业会选择的一种方式，简便快捷，节约成本。

按照面试的规模，又可将其分为个人面试和群体面试，具体含义很好理解，这里不再解释。

依据面试内容的构成方式不同，有结构化面试、半结构化面试和非结构化面试三种。

①结构化面试：结构化面试是一种结构严密、标准化程度高、层次性强的面试方式，面试流程、内容、评分方式等在事先都已经设定好了，考官会按照一定的流程推进面试程序，在国企、央企、事业单位等岗位招聘时较为常用。

②半结构化面试：半结构化面试是指事先对面试中的部分内容做统一要求，有统一标准，而部分内容则不做要求。也就是说，除了按照设定的流程和问题进行交流外，考官还可以根据实际情况询问应试者其他的信息。

③非结构化面试：非结构化面试就是灵活度比较强的一种面试形式了，事先基本没有对面试形式进行设定和要求，考官可以在能够达到面试目的的情况下自由发挥，但要注意把控整个程序的走向，不要将时间浪费在无意义的交流上。

根据面试中提问的类型或是面试的方式来划分，就可将其分为情景面试、行为面试、演讲面试、辩论面试、压力面试、自我介绍+提问面试等多种分类，下面通过表4-3来逐一了解。

表 4-3 依据面试提问类型或方式分类

类　别	含　义
情景面试	情景面试其实就属于情景模拟测评，包含了无领导小组讨论测评、角色扮演测评、案例分析测评、管理游戏测评等多种形式，目的在于从多角度考查应试者的素质和能力
行为面试	行为面试是指考官会运用素质模型或其他岗位标准，对应试者在过往表现出的素质进行评价，并以此推测其在今后工作中的行为表现。它与行为事件访谈法有些类似，区别在于行为事件访谈的目的在于构建胜任素质模型，行为面试则是直接用于人才评价
演讲面试	演讲面试是应试者在考官提供的主题或是方向的基础上，利用自己的方式向考官表述自己的观点、看法的一种面试形式。这种形式更侧重于应试者的自我表达，而非考官与应试者的互动交流
辩论面试	辩论面试一般有两种方式，一种是应用于多人面试之中，将应试者分为两个或多个讨论小组，由小组之间针对某一辩题进行辩论；另一种依旧是个人面试，只是考官会提供一个情景或案例，要求应试者针对其中某一个观点进行辩论，说服考官同意自己的观点
压力面试	压力面试是指考官刻意制造压力环境，来测试应试者在面对工作压力时的应对能力。比较常见的方式就是提出一系列追踪型的问题，压力越来越大，直至应试者无法回答。但需要注意的是，考官最好针对实际工作来营造压力环境，而不是针对应试者个人。比如在面试过程中，不要问出类似"我认为你的能力完全没有竞争优势""我认为你在××方面差强人意"等直接的、冒犯应试者自尊的问题，就算达到了营造压力的目的，但也很可能造成应试者的不适和心理抵抗，这就不是在招人，而是在赶人了
自我介绍+提问面试	自我介绍+提问面试是最为常见的一种面试方式，首先由应试者进行自我介绍，结束后由考官进行一系列的提问，了解应试者的基本素质，以及是否符合岗位要求等，过程简单快捷，无须太多的技巧，但考查的覆盖面有限

4.3.2　面试题目的类型与内容

面试题目的类型与其内容有关，主要有八种，分别是自我认知与职位匹配题、组织管理题、综合分析题、应急应变题、人际沟通题、图文寓意题、演讲汇报题以及联想串词题，具体见表 4-4。

表 4-4　面试题目类型

题目类型	含　义
自我认知与职位匹配题	要求考生对自身定位和认知进行描述，同时对自己的职业兴趣和倾向进行剖析，便于考官衡量入职匹配度
组织管理题	一般是向考生提供活动背景或信息，要求考生在一定的时间内安排流程、策划方案，让会议、团建等活动顺利开展
综合分析题	包括案例分析和观点分析，前者是针对考官提供的实例进行分析叙述，后者则是针对某一观点进行阐述
应急应变题	这种题型对应的就是压力面试和情景面试，要求应试者在考官提供的背景下，针对突发事件、经典情景模拟演练，或是针对压力问题进行正确的判断和处理
人际沟通题	一般是要求考生进行角色扮演，正确处理上下级关系、同事关系、群众关系、客户关系等，有时还要针对人际矛盾进行调解
图文寓意题	这是比较特殊的一种面试题型，先是由考官给出一些文字故事、漫画、图片、照片等资料，然后让应试者就这些资料自由发挥，讲述自己的思想和看法，以及认为资料所代表的寓意等
演讲汇报题	要求考生针对特定的主题现场进行演讲，初始提供的信息比较简单，留给考生的发散空间较大
联想串词题	要求考生在短时间内将提供的一系列词语串连成一句话，或是将不同的情景串连成一个完整的故事

下面展示一些典型的题型。

实用范例　典型的面试题型

【自我认知与职位匹配题】如果进入新的岗位，你的现阶段目标和今后一个时期的目标是什么？

【组织管理题】县里有 23 个农村文化礼堂已经运营一年，你作为文化局的工作人员，领导让你就运营情况做一个调查，你会如何开展？

【综合分析题】1. 某国际小区是一个户型面积在 90～110 平方米的中档楼盘，前期物业管理到期后，新成立的业主大会选聘了 A 物业公司接替原有发展商的物业公司管理小区，并与其签订了物业服务合同。小区共有业主930户，其中35户业主以未出席业主大会、未投票选择该公司、也未与新企业签订物业服务合同，以及新公司服务水平尚不及老公司为由，一直拒交物业服务费。

试分析这些业主的理由是否成立，并作出解释。

2. 事实证明，信息技术的发展只是在一定程度或者相当程度上填平了普通人和彻底掌控信息的垄断者之间的某种鸿沟，但从现在看来，新技术能否穿透社会结构的屏障，还要在未来的研究中继续观察。

新技术的使用能否突破社会结构的屏障是很多人关心的问题。根据以上资料，谈谈你的看法。

【应急应变题】在一个重要会议上，领导交代给你会上要用的文件在U盘里，结果到了会场要开始会议的时候，U盘里的文件怎么也打不开了，请问你该如何处理？

【人际沟通题】小李是单位的新人，喜欢发表自己的意见，但往往缺少建设性，很多时候不太切合实际。时间久了，领导认为小李能力有限，同事也对他有了看法，小李因此情绪比较低落。领导现在让你带他去做企业宣讲工作，针对小李的情况，你在工作中要怎么调动他的积极性，发挥他的作用？

【图文寓意题】下面是我国的"国家节水标志"，请说出该标志的构图要素及其寓意，要求语意简明，句子通顺。

国家节水标志

【演讲汇报题】1. 请根据"没有比人更高的山"这句话，自定主题，即兴演讲。

2. 领导要你对食品安全做个调研，调研工作完成后，你如何把结果向领导汇报？

【联想串词题】请你以"办好让群众'暖心窝'的事"为题,用题签上的五个词编一个小故事。要求把这五个词全部用上,词的顺序可以打乱,构思要巧妙,情节要合理,主题要鲜明,叙述要完整,给你两分钟的准备时间,随后开始。

题签:铁丝、头发丝、粉丝、摩丝、蚕丝

4.3.3 面试过程中的技巧与注意事项

面试测评不仅对应试者的素质能力有要求,对考官的能力也存在一定的依赖性。一般来说,除了专业的猎头公司和大型企事业单位以外,普通企业中的人力资源工作者或是招聘专员的专业性都不是特别强,因此在面试时或多或少会出现一些问题,或是走入一些误区。

那么作为面试考官,就要对面试当中的一些技巧做基本的了解和深入的掌握了,下面就来看看具体有哪些技巧。

(1)倾听技巧

一个好的面试考官也应当是一个好的倾听者,在应试者表达观点时,既不轻易打断,也不断章取义,更不主观臆断。同时,还要学会从叙述性的话语中辨别出需要的信息,衡量应试者的水平。

以下是一些倾听技巧的要点。

①排除外界干扰,集中注意力聆听。

②提取话语中的要点,并产生思考,不重要的信息不过分关注。

③不要代入自己的主观情绪,从尽量客观的角度来倾听。

④应试者阶段性叙述结束后进行总结,并开启下一步。

⑤在应试者叙说期间适当给予肢体互动,比如点头、眼神示意继续等。

(2)观察技巧

这里的观察主要指的是对应试者肢体语言和面部表情等方面的观察,

语言方面的内容固然需要倾听，但体态交流占据了比语言表达更重要的地位。因为语言可以说谎，但下意识的举动很可能会反映出不一样的内涵，同时，应试者的体态表现也会从更多维度展示出语言所不能表述的信息。

在观察应试者的体态表现时，有如下要点需要注意。

①注意观察应试者的语言和行为之间的一致性。比如当应试者叙说自己过往业绩时，是否正襟危坐，眼神坚定自信，不逃避考官的目光。如果应试者表现出了音调拖拉、眼光飘忽、身体移到座椅边缘等情况，那么考官就有必要针对应试者所叙述的事件细节进行追问，防止应试者说谎。

②学会分辨应试者肢体动作的含义。除了文字语言外，人的肢体动作能传达的信息同样不少，考官在面试过程中需要重点关注应试者在每个叙述阶段中的肢体动作含义。表4-5是一些常见的肢体动作含义，可供读者参考，但不能将其作为绝对标准来看，毕竟人与人之间的行为表现存在很大差异。

表 4-5　常见肢体动作及其含义

肢体动作	含　　义
眯着眼	不同意，厌恶，发怒，不欣赏，蔑视，鄙夷
扭绞双手	紧张，不安或害怕
向前倾	注意力集中或感兴趣
抬头挺胸	自信，果断
抖脚	紧张，困惑，忐忑
左手托腮	无聊，厌倦，不感兴趣
抱臂	漠视，不欣赏，旁观心态
将手指靠在脸侧	感兴趣，思考
眉毛上扬	不相信或惊讶，蔑视，意外

续上表

肢体动作	含义
打呵欠	厌烦，无聊，困
坐在椅子边上	不安，厌烦或提高警觉
正视对方	友善，诚恳，外向，有安全感，自信，笃定，期待
咬嘴唇	紧张，害怕或焦虑，忍耐
避免目光接触	冷漠，逃避，漠视，没有安全感，消极，恐惧或紧张等

③避免以貌取人或轻易下定义。以貌取人是很多人都会犯的错误，尤其是当与对方接触不深时，很可能因为自己的主观想法而对其产生偏见或认知误差。因此，这一点也是考官需要特别注意的，比如有些应试者外在形象比较凶悍，并不意味着他就是一个不讲理的人，而有些应试者表现得比较温和柔弱，也并不代表着他是一个没有主见的人。

（3）提问技巧

提问是面试中的关键，先有问才有答，考官的提问质量和水平决定了整场面试的基调和走向，也直接影响着应试者的表现。以下是一些提问要点，考官需要了解并掌握。

①提问简洁清晰，不要夹杂太多形容词汇，以免造成理解偏差。

②根据实际情况提问、改问或加问，不要硬搬面试计划中列出的题目。

③多提开放式问题，而不是多选问题或者是非问题。

（4）去伪技巧

去伪技巧也是很重要的面试技巧之一，在正常的面试过程中不会过多应用，但当考官怀疑应试者有说谎或夸大事实等行为时，就要用上一定的去伪技巧来刨根问底了。

比较常用的就是STAR提问技术，通过对背景、任务、行动和结果的细致追问，以及对应试者肢体语言的分析，考官可以在很大程度上还原出事件的真实发生过程,达到去伪目的。

在介绍完基本的面试技巧后,相信读者对此已经有了比较明确的认知,但面试中存在的一些误区还需要进一步解析,否则读者可能陷入误区而不自知,具体如图4-9所示。

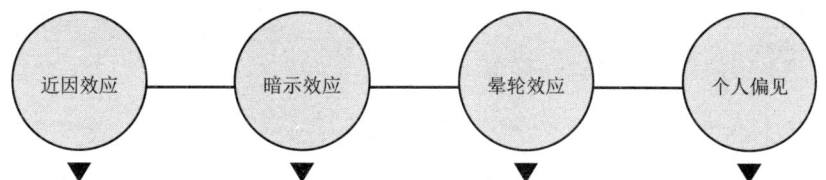

近因效应指的是印象的形成主要取决于后来新出现的刺激物,这可能会造成对前期表现的忽视。举例来说,就是应试者在最后表现疲乏或不良时,考官可能会认为其能力不足,却忽视了其前期优异的表现

暗示效应指通过语言或非语言行为诱导他人采取一定行动或是接受一定意见。如果考官受到了领导或是其他同事的暗示影响,就可能造成对应试者的误解或印象偏差

晕轮效应指一件事物的优点太过明显,掩盖了其他的特点或不足。比如某位应试者在口才方面特别出彩,就可能导致考官忽视他在实际工作能力上的不足

个人偏见一般是考官的主观因素造成的,有失偏颇的认定意见。不同的考官拥有不同的价值观和思想,一位考官认为某应试者自信阳光,另一位考官就可能认为该应试者夸夸其谈,面试态度随意

图4-9 面试中存在的一些误区

4.4 人格心理测评技术

人格心理测评技术实际上包含两个分类:人格测评技术和心理测评技术。二者看似是同类型的技术,但实际还是存在一定的差距。

现今许多企业都意识到了员工人格和心理对其工作的影响,开始逐步重视人格心理测评,力求达到人职匹配、员工素质提升和人力资源合理配置等目的。本节就针对这两项测评技术进行解析,帮助相关人员进行学习。

4.4.1 人格测评的概念及技术

先来说说人格,它是一个比较抽象的概念,各类心理学家对其定义都有不同的解释,不过总结来说,可以认为人格就是个人显著的性格、特征、态度或习惯的有机结合,或者说是构成一个人的思想、情感及行为的特有统合模式，这个独特模式包含了一个人区别于他人的，稳定而统一的心理品质。

一千个人有一千个哈姆雷特，不同的人对人格的理解可能差异很大，但不可否认的是，人格是造就独一无二的自我的源头之一。世界上可能有基因完全相同的人，但绝不会有人格完全相同的人，"性相近，习相远"这句话就很好地诠释了这一现象。

介于人格的复杂性，有关人格的理论层出不穷，比如奥尔波特人格特质理论、卡特尔特质理论、艾森克人格三维学说、大五人格类型、迈尔斯－布里格斯类型指标（MBTI，一种人格理论模型）、弗洛伊德人格理论等，下面选取比较著名的MBTI人格理论来进行解释。

MBTI通过了解人们在做事、获取信息和决策等方面的偏好，从四个角度对人进行分析，见表4-6。

表4-6 MBTI人格类型

分析角度	人格类型	特征	人格类型	特征
驱动力的来源	外向（E）	倾向于对外部世界的客体作出反应	内向（I）	倾向于在内部世界里沉思
		积极活动		偏好内省
		经验先于理解		理解先于行动
		从外界获得心理能量		从精神世界获得心理能量
		采用尝试—错误—再尝试的工作方式		采用持久稳固的工作方式
		偏好新异刺激		偏好静态的外部环境
接受信息的方式	感觉（S）	着眼于现实	直觉（N）	着眼于未来
		重视现实性和常情		重视想象力和独创力

续上表

分析角度	人格类型	特征	人格类型	特征
接受信息的方式	感觉（S）	关注具体性和特殊性，善于细节描述	直觉（N）	关注普遍性和象征性，使用隐喻和类比
		循序渐进的工作方式		跳跃性的工作方式
		看重常规，相信确定有形的事物		不拘常规，相信自己的灵感和推断
		倾向于观察具体事件		倾向于把握事件的全局
		偏好已知事物		偏好新的思想观念
决策的方式	思维（T）	退后思考，对问题进行非个人因素的分析	情感（F）	超前思考，考虑行为对他人的影响
		公正，坚定，怀疑		温和，同情，体贴
		倾向于分析性和逻辑性的工作方式		倾向于和自己的情感一致的工作方式
		行为简洁、经济、带有一定批判性		行为期望他人认同
		奉行清晰一致客观原则		奉行清晰一致主观价值观
对待不确定性的态度	判断（J）	行为有组织性和系统性	知觉（P）	行为保持开放性
		时间观念严谨，认真对待最后期限		时间观念宽松，经常变动最后期限
		看重工作结果		看重工作过程
		倾向于解决问题		倾向于使问题带有弹性
		认真完成预设目标		在获取新信息的过程中不断改变目标

将四大维度中的八大类型进行组合，可以得到16种人格特质，这

16种人格特质又分为四大类，分别是 SJ 型：忠诚的监护人；SP 型：天才的艺术家；NT 型：科学家、思想家的摇篮；NF 型：理想主义者。

基于 MBTI 人格理论建立的 16 型人格测评技术，已经是国际最为流行的职业人格评估工具之一了，而基于其他理论建立的人格测评技术也同样可供选择。

人格测评也称为个性测评，是用于测量个体行为独特性和倾向性等特征的标准化测量工具，它根据人格理论，从特定的几个方面量化出各个测评指标，对测试者的人格特征进行考查。

目前的人格测评方法主要有问卷法、评定量表、情景测评和社会测量等，但最常用的还是问卷法，对应的测评技术就是自陈式量表，具体含义和使用方法将在下一节中讲到。

4.4.2　问卷法的种类及应用

作为最常用和最权威的人格测评技术，问卷法是相关人员需要特别关注的测评技术。

问卷本身是为了搜集人们对某个特定问题的态度、价值观、观点或信念等信息而设计的一系列问题，在人格测评技术中，问卷就是针对被测者自身特质、思想、情感和行为等多种要素设计的自陈式调查表，也可以被称为自陈式量表。

一般来说，自陈式量表都是由单项或多项选择题构成的，被测者也明确知道测评的目的，答题方式和计分方式都比较简单，因此这种方式被广泛应用于人格研究、精神疾病排查等方面。

目前比较流行和有效的自陈式量表有如下几种。

①艾森克人格问卷（EPQ）。

②卡特尔 16 项人格因素问卷（16PF）。

③Millon 临床多轴问卷（MCMI）。

④加利福尼亚心理调查表（CPI）。

⑤明尼苏达多相人格问卷（MMPI）。

⑥九型人格（enneagram/ninehouse）测试。

⑦ NEO 大五人格量表。

⑧ DISC 个性测验。

⑨青年人格测验 CPI（基于加利福尼亚心理调查表改编）。

⑩爱德华个性偏好量表（EPPS）。

下面就选取其中几种量表进行实例展示。

实用范例 **自陈式人格测验量表**（节选）

在人格测验过程中，无论是哪种量表，以下注意事项都需要事先了解。

①每一测评题目只能选择一个答案；②不可漏掉任何测评题目；③尽量不选择模棱两可的答案；④测验不计时间，但应凭自己的直觉反应进行作答，不要迟疑不决，拖延时间，一定要在规定的时间内完成整个测验；⑤有些题目被测者可能从未思考过，或者感到不太容易回答。对于这样的题目，同样要求被测者做出一种倾向性的选择。

【卡特尔16项人格因素问卷】

1.如果我有机会的话，我愿意：（　　）

A.到一个繁华的城市去旅行　　B.游览清静的山区　　C.不确定

2.我有能力应付各种困难：（　　）

A.是的　　　　　　　　B.不一定　　　　　　C.不是的

3.工作中，我愿意：（　　）

A.和别人合作　　　　　B.不确定　　　　　　C.自己单独进行

【加利福尼亚心理调查表】

1.我希望当一名记者。（　　）　　　　　　A.是　　B.否

2.不参加投票选举，就不算是一个好公民。（　　）A.是　　B.否

3.我想我会乐意干建筑承包这个行当。（　　）　A.是　　B.否

【NEO 大五人格量表】

1. 我不是一个容易忧虑的人。（　　）

A. 非常不符合　B. 不太符合　C. 不确定　D. 比较符合　E. 非常符合

2. 我喜欢周围有很多朋友。（　　）

A. 非常不符合　B. 不太符合　C. 不确定　D. 比较符合　E. 非常符合

3. 我很喜欢沉浸于幻想和白日梦中，去探索、发展其中所有可能实现的东西。（　　）

A. 非常不符合　B. 不太符合　C. 不确定　D. 比较符合　E. 非常符合

【爱德华个性偏好量表】

爱德华个性偏好量表与前面的问答式测评量表不同，在每题展示的两个选项中，被测者应当选更能体现自己特征的那一个。

1.A. 我喜欢我的生活安排得好，过得顺利，不用对我的计划做太多改变。

B. 我喜欢告诉别人我所经历的冒险与奇特的事情。

2.A. 我喜欢批评权威人士。

B. 我喜欢用些别人不懂其意义的字眼。

3.A. 我喜欢将信、账单和其他文件整齐地排列着，采用归档系统存档。

B. 我希望独立决定我所要做的事。

4.4.3　心理测评的种类和量表

心理测评是依据一定的心理学理论，使用一定的操作程序，针对人的能力、人格及心理健康等心理特性和行为，确定出一种数量化价值的测评技术，用于衡量个体心理因素水平和个体心理差异。

心理测评比人格测评包含更广，实际上，人格测评就包含在心理测评之中。除此之外，心理测评根据功能、对象、方式和过程，划分出了多种类型，如图 4-10 所示。

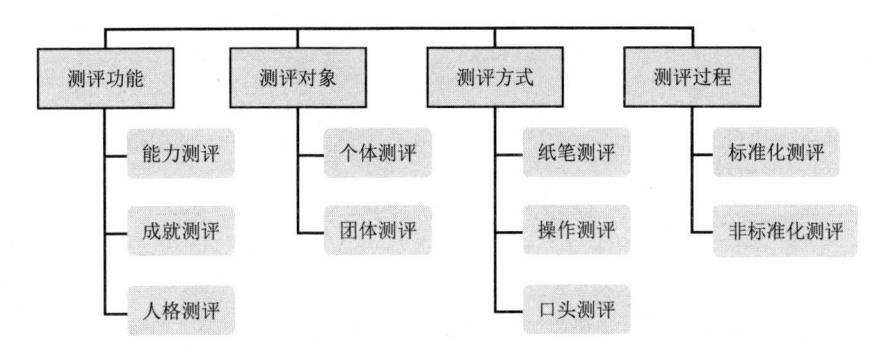

图 4-10 心理测评的种类

同时，心理测评的方式也更为多元化，如观察法、访谈法、问卷法、实验法和心理物理法等，不过，各种量表还是常使用的。常见的心理测评量表分为四大类型，具体见表 4-7。

表 4-7 常见的心理测评量表

量表	含 义	统计方法
比率量表	用比率的观念表示数量间关系的量表，可知道被测者之间在某种特点上相差多少，还可知道它们之间的倍数关系	平均数、标准差、积差相关系数、T检验、F检验、几何平均数、变异系数等
顺序量表	按照事物的大小、等级、程度而排列数字的量表，能够指代事物类别，表明不同类别的大小、等级或某种特征的程度	中位数、百分位数、等级相关系数、肯德尔和谐系数等
命名量表	用数字代表事物或用数字对事物进行分类的量表，可细分为两种形式：一是名称量表，即用数字指代个别事物；二是类别量表，即用数字指代事物的种类	百分比、次数、众数等
等距量表	能够指代事物的类别、等级，而且具有相等的单位的量表，它的数字是一个真正的数量，各个部分的单位是相等的，因此可以对其进行加减运算	平均数、标准差、积差相关系数、T检验、F检验等

第5章
实战指导：各类人员素质测评

在大部分企业中，岗位的划分都是比较细致的，不同职能岗位之间的工作标准和素质要求也可能截然不同。那么，针对不同岗位或是不同工种的素质测评就要有所区别，只有强调了针对性，才能使员工与岗位更契合，达到人职匹配的目的。

5.1 生产技术人员素质测评

生产技术人员严格来说要分为生产人员和技术人员两类，不过这两类工种的测评技术比较相近，因此糅合到一起进行讲解。

生产技术人员主要负责的是实际生产过程中涉及的各项职责，比如在生产部经理的领导下开展各项生产技术工作、协助工艺技术主管编制产品工艺规程等，实操性较强，因此，针对生产技术人员的素质测评就更侧重于考查这方面的能力。

5.1.1 确定生产技术人员的工作职责

首先需要确定的是生产技术人员的工作职责，一般来说，许多企业设置的生产技术岗位都有以下几项基本职责。

①负责对生产批次记录进行归纳、审查，并及时传递给主管。

②负责对车间的生产进度和各种生产记录进行现场抽查，并做好工艺查证记录。

③负责收集整理技术资料，建立工艺技术档案，执行档案管理制度。

④对违反工艺规程、岗位操作或工艺纪律的行为，有制止权和处罚建议权。

如果企业将此岗位细分为生产岗位和技术岗位，那么两类员工的工作职责可能又会具有更强的针对性，如下所示是某企业对于生产人员和技术人员的不同工作职责要求。

实用范例 ×× 企业制定的生产人员和技术人员工作职责

【生产人员工作职责】

1.贯彻各项生产管理规章制度，对违章生产及安全事故负责。

2.编制生产作业计划，监督各项生产制造任务，进行生产劳动纪律管理。

3.根据实际生产情况和客户需求，制订临时生产作业计划。

4. 熟悉和掌握焊接技能，按照相关工艺要求对电路板进行焊接、测试等。

5. 对供应商进行归档管理，整理合格供方档案。

【技术人员工作职责】

1. 负责生产设备、工具的日常点检和维护工作。

2. 协助设备工程师进行 SMT 设备（用于实现表面贴装技术的机器）、波峰焊的日常操作。

3. 配合硬件工程师完成贴片、接线、装配等相关工作。

4. 协助设备工程师对设备进行定期检修、维护、保养和管理，减少设备故障率，保证设备的正常运行。

5. 协助新设备的安装、调试、验收工作。

注意，不同行业或是不同性质的企业，对于生产技术人员的工作职责要求有很大不同。若相关人员想收集资料作为本企业素质测评方案设计的参考，那就一定要注意行业差异和工作性质差异。下面展示不同行业中企业对生产技术人员工作职责的要求。

实用范例 不同行业对生产技术人员工作职责的要求

【机械机电行业生产技术人员工作职责】

1. 对每日生产过程中发生的不良品进行确认，并填写或审核不合格品报告，协助工程师做出适当处置。

2. 参加每日晨会，汇报生产线的生产情况。

3. 协助工程师完成制程变更的确认以及执行、报告，包括节能模式、国产化和一些工艺改良试验。

4. 技术员是产品工程师与生产线操作工之间的接口，必须充分理解工程师的意图，并且准确传达给流水线操作工，并监督该指令被准确执行。

5. 协助生产线及时解决生产过程中的故障排除或问题排查。

6. 技术员应负责生产线上质量数据的收集，及时向工程师、产品主管、产品经理反映生产线的质量问题。

7. 了解，实行并协助监督 ISO 13485 的执行。

8. 协助设备工程师的日常设备管理工作。

9. 对于在规定时间内不能解决的问题，按流程上报。

【生物医药行业生产技术人员工作职责】

1. 负责生物药品的生产工作并及时处理相关技术性问题。

2. 负责生产车间生产操作，提供技术指导和支持。

3. 负责对生产车间技术疑难问题提出解决思路和办法。

4. 提供工艺改进建议和管理建议。

5. 负责生产车间技术培训和改进工作。

【放免试剂行业生产技术人员工作职责】

1. 参照标准规程按时配制标记物缓冲液，保证日常配制工作液的需要。

2. 按时完成标记物生产制备工作。

3. 按时完成标记物工作液配制及分装工作。

4. 负责标准品的配制工作，以及标准品缓冲液的配制、基础血清的处理和标准品半成品的分装。

5. 负责抗体工作液、抗体缓冲液的配制和抗体工作液的分装。

6. 负责分离剂工作液、分离剂缓冲液的配置和分离剂工作液的分装。

7. 及时填写批生产记录并交由生产部经理审核。

8. 严格遵守仪器使用和养护的标准操作程序、辐射安全规章制度以及洁净区卫生管理制度。

9. 完成上级交办的其他工作。

由此可见，根据行业和工作性质的不同，企业制定的生产技术人员工作职责有不同的侧重点，相关人员在设计本企业的生产技术人员工作职责时，一定要依据实际进行，不要盲目借鉴。

5.1.2　明确素质测评要素

制定工作职责的根本目的在于以此为依据寻找测评要素，进而建立尽可能契合生产技术岗位的测评体系。那么接下来要做的，就是根据工作职责细分出对应的测评要素。

前面强调过，不同行业、不同企业的生产技术人员的工作职责可能都会有所差别，因此，测评要素的确定也要遵循这种差异性进行。不过很多企业对于这类岗位设定的测评要素还是有相似之处的，下面通过表 5-1 展示部分，供相关人员参考。

表 5-1　生产技术人员素质测评表

维度	测评要素	标准 A	标准 B	标准 C	标准 D
工作成绩 40%	工作成果	在大中型工程项目或生产技术管理工作中承担重大责任，工作尽职尽责，为公司取得了显著效益	在大型或复杂的中型工程项目中承担较重要责任和任务，取得较好的经济效益和社会效益	胜任本专业工作，能较好地完成勘察设计任务	对本专业工作不够熟悉，工作中只能起一般的作用
	工作质量	能合理掌握主要环节与质量，使工作顺利通过各级审核，成品质量好	勘察设计质量好，能在校审工作中发现较大问题，成品质量比较好	勘察设计质量较好，在被校审和会签中无大差错，成品质量一般	勘察设计质量一般，错漏较多，成品质量较差
	工作效率	工作效率高，计划性强，完成任务速度快、效益好	工作有条理，能分阶段按时完成任务，效率比较高	按协作进度努力工作，能按时完成任务，效率一般	没有充分理由，又不能按计划完成任务
	工作效益	所完成的工程项目投产后，效果非常好	所完成的工程项目投产后，效果良好	所完成的工程项目投产后，效果比较好	完成的工程项目经济效益、社会效益一般
工作能力 28%	勘察设计能力	能主持、指导、审核大中型工程勘察设计项目，具有承担项目总负责人或本专业学科带头人的能力	具有承担大中型项目负责人、专业负责人、主项负责人、审核人的能力	能独立完成勘查设计工作及校核工作，可承担小型项目负责人工作	在项目负责人、主项负责人、专业负责人等人员的领导下，能够完成一般的勘察设计工作

续上表

维度	测评要素	标准 A	标准 B	标准 C	标准 D
工作能力 28%	解决实际问题能力	有丰富的勘察设计施工经验，能解决复杂技术难题，处理问题果断、得当	有较丰富的勘察设计、施工经验，能解决较复杂的技术问题	有一定的勘察设计和施工经验，能解决一般的技术性问题	不善于总结经验，不妥善解决工作中的勘察设计技术问题
	组织协调能力	妥善协调、处理好各工作中的问题，与甲方密切配合，深受内外好评	能正确对待本专业与其他专业间的协作，与甲方的配合较好	工作中有一定的组织协调能力，注意与各专业间及甲方间的合作	不善于与各专业间及甲方协调配合，固执己见
	表达能力	技术文件表达清楚、简洁，文字流畅，重点表达正确无误	技术文件表达较清楚，文字流畅易懂，表达意图正确	技术文件表达较清楚，文字易懂，表达意图基本正确	技术文件表达不够清楚，条理不清晰，重点不突出
业务水平 16%	专业基础知识	具有系统坚实的专业基础知识，对某些问题有独到的见解	具有较系统、扎实的专业基础知识，有一定的深度	掌握本职工作的主要基础知识与一定的专业知识	对本职工作的业务知识仅有一般了解
	知识广博程度	知识广博，通晓相关专业的基础知识，掌握生产和施工建设的有关知识	知识面较广，熟悉相关专业基础知识、生产施工建设有关知识	了解与本专业有关的科学知识，对生产施工建设的有关知识较熟悉	知识面不广，仅了解一般生产和施工建设的有关知识
	外语水平	熟练掌握外语，能流畅笔译、会话，自如应付工作需要	掌握一门外语，能顺利地笔译，可进行简单的会话	借助字典等工具可笔译和阅读本专业的外文资料	不掌握外语
	计算机应用水平	掌握计算机知识，能开发、编制适用程序，灵活地应用计算机计算、制图	熟悉计算机知识，能利用软件在勘察设计中进行计算、制图	简单了解计算机知识，能运用计算机做一般工作	对计算机知识知之甚少，不能运用计算机处理问题

续上表

维度	测评要素	标准 A	标准 B	标准 C	标准 D
工作态度 16%	事业心	始终保持明确的奋斗目标和旺盛的工作热情，刻苦钻研，努力进取，热爱本职工作，积极向上	工作、学习热情较高，有进取心，安心本职工作，关心公司的利益	工作努力程度不够，满足于完成日常工作	工作马虎，缺乏进取精神，不安心本职工作
	开拓精神	有明确的竞争目标，敢于拼搏，敢于创新，敢于超国内外先进技术水平并付诸实践	有赶超国内外先进技术水平的愿望，比较敢于实践，付出努力，有一定的创新和拼搏精神	虽有赶超先进水平的愿望，但开拓创新的魄力不大，竞争的意识不强	工作墨守成规，满足于现状，无开拓进取精神
	合作精神	善于团结同行一同工作，能建立一个和谐的工作、学习环境，群众威信很高	较善于与同行合作，多数人愿意与其共事，群众关系较好	能与同行们合作完成任务，群众关系一般	不善于同他人合作，常与别人发生冲突，群众关系差
	纪律性	组织纪律性强，规范遵守各项规章制度，服从分配，顾全大局，争挑重担，出勤率达95%以上，无迟到早退	组织纪律性较强，自觉遵守各项规章制度，能服从分配，出勤率达90%以上，基本无迟到早退	有一定组织纪律性，基本遵守规章制度，出勤率达90%以上，偶有迟到早退	组织纪律性差，有时不遵守规章制度，出勤率在90%以下，常有迟到早退现象

除了表5-1中包含的测评要素以外，企业还可根据实际情况进行增减，比如增加体力、肢体协调能力、手臂灵活度和细心程度等要素，减少外语水平、计算机应用水平等要素。

5.1.3 测评方法及实施案例

不同种类的测评要素应当对应契合度较高的测评方法，下面就以表5-1中展示的测评要素为例，通过表5-2展示可以采取的测评方法。

表 5-2　生产技术人员素质测评方法

测评维度	测评要素	测评方法
工作成绩	工作成果 工作质量 工作效率 工作效益	绩效考核测评（360度反馈考核、关键业绩指标考核、平衡计分卡考核、目标管理考核、目标与关键成果考核、关键事件法、工作标准法、直接排序法、要素评定法、工作记录法、强制分布法）、能力测评等
工作能力	勘察设计能力 解决实际问题能力 组织协调能力 表达能力	操作测评，情景模拟测评（案例分析测评、情景判断测评、角色扮演测评、公文筐测评、无领导小组讨论测评），能力测评，模拟面谈，360度反馈考核，评价中心等
业务水平	专业基础知识 知识广博程度 外语水平 计算机应用水平	操作测评，能力测评，面试（结构化面试、行为面试、情景面试），笔试，评价中心，情景模拟测评等
工作态度	事业心 开拓精神 合作精神 纪律性	人格测评，心理测评，动机测评，成就测评，能力测评，操作测评，兴趣测评，价值观测评，评价中心，情景模拟测评等

在岗位职责、测评要素、权重、评价标准和测评方法等方面都确定后，相关人员就要着手开始制定测评方案了。制定测评方案时，需要做到全面、细致、合理、公正，这不仅是生产技术人员的测评方案制定原则，更是所有测评方案需要符合的标准。

下面通过图 5-1 展示生产技术人员素质测评的大致流程，以及对应所需的时间,供相关人员参考。

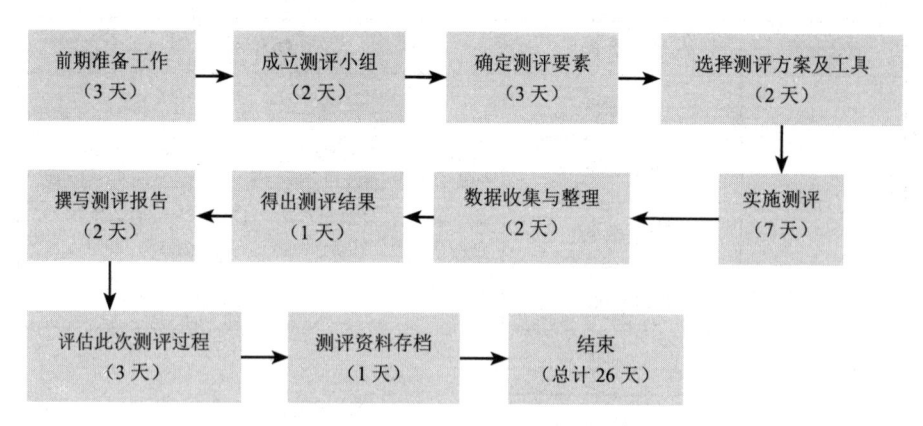

```
前期准备工作    →   成立测评小组   →   确定测评要素   →   选择测评方案及工具
  (3天)              (2天)              (3天)              (2天)
                                                              ↓
撰写测评报告    ←   得出测评结果   ←   数据收集与整理  ←   实施测评
  (2天)              (1天)              (2天)              (7天)
    ↓
评估此次测评过程  →   测评资料存档   →   结束
  (3天)              (1天)          (总计26天)
```

图 5-1　生产技术人员素质测评的流程

其实大部分素质测评的流程都是这样的,只是在细节上可能有所差别,消耗的时间也并不绝对,图 5-1 展示的时间仅仅具有参考作用,不代表相关人员一定要在规定时间内完成工作,保质保量才是最重要的。

注意,流程中的许多内容需要遵循一定的步骤进行,那么这些内容就应该包含在素质测评方案中,下面展示某企业制定的生产技术人员测评方案的部分内容。

实用范例　××化工品企业生产技术人员素质测评方案（节选）

【生产技术人员素质测评要素构成】

1. 智力：思维能力、思维反应水平等。
2. 职业适应性：现实型、常规型等。
3. 能力倾向：机械能力、手臂灵活性、操作能力等。
4. 人格特质：独立性、主动性、责任感、忠诚度、团队合作精神等。
5. 生理素质：体质、体力、精力等。
6. 知识技能：生产工具知识、生产专业知识、生产专业技能等。

【测评方案】

一、组建测评小组

人力资源部××经理全权负责本次生产技术人员的素质测评,通过人员筛选，最终选择生产部经理、工艺总工程师、人力资源部招聘主管为测评小组成员。

二、工作分析

分析生产技术人员的工作职责，分析结果如下：

…………

通过分析以上技能标准，××经理初步打算从通用素质、专业能力两个方面来实施测评。

三、建立测评指标体系

1. 收集测评要素及内容；2. 归纳整合确定测评要素；3. 确定调查要素的重要性；4. 计算权重；5. 对测评要素进行分级定义……

四、选择测评方法

根据上述需要测评的要素，选择合适的测评方法，具体如下：

五、组织实施生产技术人员的素质测评

（一）测评前的准备工作

1. 培训测评小组成员；2. 安排测评场地、时间；3. 准备测评所需的其他材料……

（二）实施测评阶段

实施第一部分测评时，××经理负责主持测评的具体实施……

实施第二部分测评时，××经理为主试官，其他成员观察记录面谈对象回答的内容，为评分提供原始材料……

（三）评分阶段

测评小组成员先独立评分，然后由××经理主持讨论评分理由，直至得出最终的分数。

六、统计处理数据，撰写测评报告

将被测人员的得分进行统计处理，得出直观性强的统计图。以生产技术人员张××为例，他在面谈过程中的得分情况如下：

…………

以下为生产技术人员张××职业适应能力测评报告，内附有各量表的

得分统计情况……

七、跟踪素质测评的结果

随着报告的上呈，本次素质测评可以告一段落，但并非就此结束。人力资源部××经理授权生产技术部门经理继续在实际工作中考察所有参与测评的生产技术人员，以便验证此次测评的有效性和可靠程度，从而改进测评方法和测评指标体系，提高素质测评的质量。

5.2 营销人员素质测评

针对营销人员或者说销售人员的素质测评，侧重点肯定会更偏向于人际交往能力、业务能力和组织协调能力等方面，那么测评方式可能就会更加多元化，也会更多地使用情景模拟测评等方式。

5.2.1 建立营销人员胜任素质模型

营销人员胜任素质模型其实与测评指标体系比较类似，只是前者包含更广，描述也更细致，相关人员可以根据实际情况进行选择。

在第4章有关胜任素质模型建立的内容中讲过，一个完整的胜任素质模型应当包含胜任素质名称、特征描述、权重、行为指标等级等基本信息。那么，针对营销人员建立的胜任素质模型又应当有哪些胜任素质呢？接下来通过表5-3和表5-4进行了解。

表5-3 营销人员胜任素质模型（第一部分）

维度	胜任素质	特征描述
知识 35%	产品知识	了解产品特质、功能等各方面重要信息；充分利用产品优势以达到销售目的
	竞争环境	了解产品目前所处的市场行情及状况；掌握竞争对手产品的优劣势，从而采取更好的销售策略，进行有力竞争
技能 24%	基本销售技能	能够与客户建立良好的关系；能及时灵活地变通销售方式

续上表

维度	胜任素质	特征描述
技能 24%	识别技能	能够第一时间识别潜在客户，占据客户心理
	说服力	能够掌握谈话技巧，说服客户、潜在客户以及与产品销售有关的人员进行购买或宣传产品
	市场分析技能	分析市场空缺，捕捉细微的潜在危机；针对目前市场，进行有效的品牌推广及市场推广
	信息收集分析技能	观察分析组织结构以及外部营销环境，能够建立有效的沟通渠道，获取有效信息
能力 24%	营销策划能力	能够根据产品特点、消费者特征、竞争者营销状况，制定适于整个营销环境的营销策略、市场定位
	创新能力	能够在销售策略、广告宣传等方面有异于其他企业的独特之处，凸显创新风格
	解决问题能力	了解自己的需求点以及竞争对手的需求点，找到平衡点来满足顾客的需求；能够从容面对客户提出的问题，综合分析，从而得出新颖的解决问题的方案
个人特征 17%	主动性	能够主动与合作人士了解情况，并提供其没有发觉的信息；主动寻找潜在客户，主动寻求合作机会
	时间观念	第一时间发现存在的问题，及时解决，迅速完成工作任务，决不拖拖拉拉，浪费时间
	严谨	能够分析总结失败的原因，杜绝原则性的错误；做事有条理，严格要求自己
	注重细节	善于把握、关注细节；观察到客户轻微的购买需求变动情况

表 5-4 营销人员胜任素质模型（第二部分）

胜任素质	行为等级描述		
	高级	中级	初级
产品知识	充分了解产品的优缺点，并能向客户清晰明了地介绍产品，达到销售目的	能够较熟练地向顾客介绍，但对一些深入的问题无法完全回答，了解不够详细	大致知道产品，但对其信息、功能等一无所知，也无法向客户准确传达产品的基本信息

续上表

胜任素质	行为等级描述		
	高级	中级	初级
竞争环境	深入了解产品的营销有利因素、挑战及威胁，全面判断竞争对手的优、劣势，并能制定正确的战略来进行销售	基本了解产品所处行情及竞争形式，大致了解企业外部环境，但不够深入，针对所了解的竞争环境制定的销售策略较为合理	对产品行情一无所知，对竞争对手的优、劣势也不了解
基本销售技能	能熟练与顾客沟通交流，并建立非常好的合作关系，充分了解常用的销售技巧，并能根据具体情况十分熟练地调整销售方式	语言表达能力较强，能与顾客交流讨论，但是面对各种不同喜好、不同性格，甚至不同心情的客户进行销售时，显得不太老练，沟通能力有待提高	沟通能力差，与顾客的交流只停在表面，面对临时变化不懂得灵活变通来销售
识别技能	通过敏锐的观察能力，第一时间识别潜在客户，建立良好关系，从而占据客户心理，达到销售目的	能够及时识别潜在客户，但由于自身原因不能快速地占据客户心理，销售业绩较佳	不能通过有效的方式及时识别潜在的客户，不能建立良好的合作关系从而占据他们的心理，销售目的无法完成
说服力	语言的组织表达能力强，非常懂得谈话技巧的运用，说服客户帮助完成销售	语言表达比较清晰，有一定的谈话技巧，比较能成功说服人，得到帮助	不懂得谈话技巧的使用，也无法清楚表达自己的意思，达不到销售目的，也得不到帮助
市场分析技能	分析深入，能捕捉细微的潜在危机，制定相应对策；能针对目前市场环境进行灵活的品牌推广	知道分析市场空缺，制定较为有效的方案，达到品牌推广以及市场推广的目的	了解市场空缺，但无法就这种空缺制定有效的方案
信息收集分析技能	能够在进行深入的可行性分析后，第一时间进行准确的判断，并获取有效信息	需要在领导协助下对组织结构及外部营销环境进行分析，从中获取较准确的信息	对组织结构的观察不全面，不能建立有效的沟通渠道来收集信息

续上表

胜任素质	行为等级描述		
	高级	中级	初级
营销策划能力	非常了解产品特性、市场动态，并进行市场定位，做出适当的营销策略	根据产品特点、消费者特点、竞争者营销状况，可以制定较为合理的销售策略	不能在产品市场发生变化时及时制定适应当时发展的营销策略
创新能力	熟知企业特色，根据行业的变化提前制定独特的宣传方案和有竞争力的销售策略	比较了解企业的特点，根据行业的变化制定较为有特色的宣传方式和销售策略	大致知道企业的特点，根据环境的变化改进宣传方式，改进已有的销售策略
解决问题能力	清晰了解自身需求，能预测到竞争对手的需求变化，并制定方案；能充分地预知顾客的问题，并提前制定解决的方法	正确地了解到自身现阶段的需求，比较全面地预知顾客的问题，能以此来制定有效的解决方案	不太清楚自身现阶段的需求，面对竞争对手缺乏解决问题的能力，不能对顾客提出的问题给予恰当的解决方法
主动性	提前5～10年对别人察觉不到的机会和问题做出准备；提前4个月采取行动挖掘潜在客户；借助他人的力量，付出额外的努力开展自己的工作	提前1～5年对一些潜在的机会和问题做准备，列出解决措施；提前2～3个月采取行动挖掘客户；表现出对工作的狂热，承担远远超过要求的任务	提前3～12个月行动，通过努力使潜在问题造成的损失最小；付出额外的努力去工作，即使没有被要求
时间观念	遇到问题速战速决，绝不耽搁，办事效率非常高	在领导交代任务后立即行动，能按时完成任务	没有时间观念，经常不能按时完成任务，工作缺乏积极性和主动性
严谨	做事一丝不苟，有条理，勇于反省总结，绝不重蹈覆辙	不愿意按规矩办理一切事情，有自己的想法，坚持己见	做事马马虎虎，经常由于粗心大意而影响任务的完成
注重细节	能够体察入微，善于观察并把握细节，能观察到客户轻微的购买需求变动	能观察到某些外显行为，但不够细致	对细节把握不够到位，可能因此而丧失部分客户

5.2.2 测评方法与测评题目展示

如果以前一节介绍的胜任素质模型为基础,对应的测评方法有哪些呢?来看表 5-5 展示的内容。

表 5-5　营销人员素质测评方法

测评维度	胜任素质	测评方法
知　识	产品知识	情景模拟测评(案例分析测评、情景判断测评、角色扮演测评、无领导小组讨论测评),笔试,面试,能力测评,评价中心等
	竞争环境	
技　能	销售技能	情景模拟测评(案例分析测评、情景判断测评、角色扮演测评、无领导小组讨论测评),实地模拟测验,面试(行为面试、情景面试、演讲面试、辩论面试),能力测评,评价中心,绩效考核测评(360度反馈考核、关键业绩指标考核、目标管理考核、目标与关键成果考核)等
	识别技能	
	说服力	
	市场分析技能	
	信息收集分析技能	
能　力	营销策划能力	绩效考核测评(360度反馈考核、关键业绩指标考核、平衡计分卡考核、目标管理考核、目标与关键成果考核),笔试,面试,能力测评,评价中心,情景模拟测评等
	创新能力	
	解决问题能力	
个人特征	主动性	人格测评、心理测评、动机测评、成就测评、能力测评、操作测评、兴趣测评、价值观测评、评价中心、情景模拟测评、实地模拟测评等
	时间观念	
	严谨	
	注重细节	

针对其中比较常见的测评方法和测评要素,这里选取了部分题目进行展示,供相关人员参考和理解。

实用范例 营销人员素质测评方法与题目(节选)

【产品知识:笔试】

1.制动性能最直接的体现是(　　)

A.噪声强度　　　　B.摩擦系数　　　　C.耐磨性

2. OEM 的含义是（　　）

A. 售后市场　　　　B. 原装配件制造商　　C. 原装配件供应商

3. 汽车 4S 店属于汽车制动系统行业产业链的（　　）。

A 上游　　　　　　B. 中游　　　　　　　C. 下游

4.（多选）评价制动片的维度有（　　）

A. 制动性能　　　　B. 噪声性能　　　　　C. 磨损性能

D. 对偶损伤　　　　E. 落灰性能　　　　　F. 机械强度

5.（多选）可能产生制动噪声的原因是（　　）

A. 制动力　　　　　B. 制动温度　　　　　C. 车辆速度

D. 卡钳　　　　　　E. 悬架　　　　　　　F. 气候条件

【销售技能：角色扮演测评】

假设你是本公司的销售人员，接到客户的来电，咨询促销广告上的××电脑，并提出购买要求。你要通过有效的聆听和询问，了解客户的实际需求，推荐适合客户需求的电脑型号。角色扮演结束后，你会得到观察者的意见反馈和建议，以帮助你将来更好地进行实际销售。

以下事项请注意：

1. 请适当地运用开放式和封闭式的提问方式，发掘客户方面的信息。

2. 复习促销广告上××电脑的产品特征、优点和功能。

3. 在角色扮演过程中，你必须保持积极和热情的态度，切勿中断或拒绝回答客户的问题。

【解决问题能力：无领导小组讨论测评】

你是某集团下属某销售门店的销售员。3月1日，客户张某到门店来，称自己因出差缘故短时间内不在这座城市，希望门店留存自己已订购的一批零件，自己会在3月5日来领取。

此时你因休假不在门店，另一位销售员李某答应了下来。但由于李某的疏忽大意，交接班时忘记向你说明情况，导致你在不知情的情况下将这批零件销售给了另外的客户。直到3月4日李某才想起这件事，但此时门店存货已经不足，向总部调取又至少需要两天时间，但客户张某明天就要来取货，请问你现在应该怎么办？

现在每人有5分钟时间考虑，将自己的答案写在答题纸上，然后将答题纸亮出。接下去，你们将会有20分钟的时间就这个问题展开讨论，得出一个你们共同认为可行的一致性意见。然后派一个代表来汇报你们的意见，并阐述你们做出这种选择的原因。

【主动性：动机测评】

1. 当你在工作中遇到困难时，你会：（　　）

A. 想办法自己解决　　　B. 选择逃避　　　C. 求助他人

2. 你认为一个人在事业上的成功，主要取决于：（　　）

A. 命运和际遇　　　B. 自身奋斗　　　C. 两样都有

3. 以下哪种工作你最向往：（　　）

A. 轻轻松松17:00下班　B. 新奇刺激，充满挑战　C. 有权有势做统帅

4. 你现在的工作态度是：（　　）

A. 要出人头地

B. 干得和大家差不多就行了

C. 做得比别人好一点点

5. 你部门刚好有一个管理职位的空缺，你认为自己可以胜任，你会：（　　）

A. 当仁不让，积极争取

B. 等领导钦点

C. 有的做就做，没的做就算了

5.2.3　制定素质测评方案

营销人员素质测评方案的设计与前面介绍的生产技术人员的方案在大体结构上比较类似，只是根据测评对象的不同，需在细节上有所差异，使之更契合营销人员的测评需求，比如测评方法、测评要素都会有所改变。

实用范例 营销人员素质测评方案（节选）

【营销人员素质测评要素构成】

1. 规划／计划：综合分析、权属、风险意识、计划性等。

2. 管理能力与技巧：组织协调、专业知识、责任感、进取心、应变力等。

3. 业务能力与技巧：销售技能、识别技能、市场分析能力、解决问题能力、创新能力等。

4. 人际意识、沟通：说服力、交流能力、协作能力、敏感性、亲和力等。

【测评方案】

一、组建测评小组

通过分析企业的人才需求和销售人员的工作职责，组建本次素质测评小组，由招聘小组成员外加聘请的测评专家组成。

二、收集销售人员胜任素质

三、选择测评方法，编制测评工具

（一）意志力测试

意志力强的人会想方设法克服困难，把工作做好；意志力弱的人则会浅尝辄止。因此，意志力是聘用销售人才的重要考虑因素。以下测评量表可以帮助测量被测人员的意志力水平……

（二）面试法

1.建立面试的评价体系；2.拟定面试提纲；3.制定面试评价表。

四、实施素质测评

本次素质测评主要分两部分，第一部分为意志力测试，可集体实施测评，可提前淘汰掉得分在90分以下的人员；第二部分为面试，需单独进行……

1. 意志力测试

首先，依据应聘人数选择合适的测试地点，布置考场。考场环境应安静整洁、无干扰、采光照明良好……

2. 面试法

首先，测评小组逐一面试被测人员。面试的过程可由一人或两人主持，其他人员则注意观察被测人员的反应和言行举止，并在销售人员面试评价表中做简单记录，作为评分依据……

五、统计处理测评数据

收齐所有评价表，运用算术平均法或其他方法计算被测人员的单项要素得分，并将其汇总至被测人员得分一览表中……

六、分析测评结果

被测人员单项要素得分既可以反映所有被测人员的平均素质水平，还可以反映每个测评人员与平均素质水平之间的差距……

七、报告测评结果

针对每个被测人员的测评结果，得出具体的测评报告，并提供相应的建议，以供决策人员参考。

以被测人员 A 为例说明，包含以下内容：基本信息报告；被测人员素质说明；综合素质及决策建议……

5.3 财务人员素质测评

财务人员的素质测评的要求往往比前面两个工种更为严格，这是因为财务人员的专业需求较高，并且容错率非常低，一旦发生失误或其他原因导致的错误，都有可能使得企业财务运营方面产生较大问题。尤其是需要将财务报表等数据定期公开发布的上市公司，更要加强对财务人员的素质监测，以免出现问题招致法律风险。

那么本节就针对财务人员的素质测评展开更为详细的解析。

5.3.1 财务人员素质测评原则和项目

在对财务人员或财务岗位设计测评项目和方案时，需要注意四项基本原则，下面来逐一讲解。

（1）以工作岗位职责分析为依据开展测评

各行业或各企业的财务人员工作岗位职责其实相差不大，只是有的财务岗位涵盖范围广一些，比如财务主管；有些财务岗位的专精性则更强，比如财务专员。那么，在设计测评方案之前，相关人员就要对本企业财务岗位的工作职责进行细致分析和研究，并以此为依据开展测评设计。

一般情况下，财务人员的工作职责有哪些呢？具体如图5-2所示。

1. 按照国家财务制度的规范，认真编制并严格执行财务计划，分清资金渠道，合理使用资金，保证企业各项工作的顺利完成

2. 认真做好经费总账和明细账，根据资金来源分析支出情况，发现问题及时反映，并按月做好结账工作

3. 认真记好固定资产账，按季与保管人员进行对账，确保进物清、领物明、结余实，账物相符

4. 根据国家财务制度的规定，及时认真做好经费存款及其他各项费用的现金和转账收付工作。对所支付费用做到签章齐全（经手、验收、主管人员签字），并严格审核原始凭证，对违反财经制度的一切收付应坚决抵制

5. 收付现金要做到及时、准确、无误，严格执行收支两条线的政策，严禁坐收坐支、私设账户、私设小金库、公款私存；能及时办理的决不拖延。在办理各项收付工作时要防止一切可能发生的差错，如有差错应查明原因及时汇报并改正

6. 按照现金管理的有关规定和实施办法，做好现金管理工作，根据每天发生的收付凭证，及时记好现金收付账，原则上大额经济业务费用支出需由银行转账；不得以白条抵库、不得保留账外公款。做好收付结账工作，做到定期与支付中心核对收支、往来款项账务，做到账账相符

7. 出纳定期与会计做好结账、对账工作，在与会计结账前，了结定期办理的收付业务，结出定期收付发生额合计和余额，并将原始凭证及会计出纳交接单一并交给会计，经双方核实，签章做到准确、无误，做到账款相符

8. 认真保管好各项凭据、印章和钥匙，严守财经秘密，并定期参加财务继续教育培训

图5-2 财务人员工作职责

由此可见，企业对财务人员的要求还是相当严格的，这也导致了财务人员素质测评方案在设计上更追求严谨性和实操性。

（2）测评需要有针对性

一般来说，大型企业或事业单位都会将财务岗位细分为会计岗位和出纳岗位，有时候还会将税务岗位划入其中，综合为财税岗位。因此，对不同类别的财务细分岗位的素质测评就要具有一定的针对性，不能一概而论。不同财务细分岗位的工作职责见表5-6。

表5-6 财务细分岗位的工作职责

细分岗位	工作职责
会计岗位	会计核算、财务报表编制、财务分析、会计档案管理、合并报表等
出纳岗位	按规定每日登记现金日记账和银行存款日记账
	根据记账凭证报销内容收付现金
	每日负责盘清库存现金，核对现金日记账，按规定程序保管现金，保证库存现金及有价证券安全
	保管好各种空白支票、票据、印鉴
	负责接收各项银行到款进账凭证，并传递给有关的制单人员
	负责审核工资单据，发放工资奖金
税务岗位	按时进行地税、国税的纳税申报，所得税汇算清缴，财产报损等纳税鉴证工作
	负责涉税业务的账务处理及核对工作
	办理各种发票的申领事宜，对已使用的发票装订成册、入档保管，并根据税务规定对填写错的发票，进行冲票或重开具正确的发票
	办理有关的免税申请及退税冲账等事项
	编制有关的税务报表及相关分析报告
	办理税务登记及变更等有关事项
	协作完成税务部门的各种检查以及其他工作

（3）测评方案需要有可行性

由于财务岗位标准较为严格，针对其设计的测评方案或题目也会更加专业，也就是说，难度更大了。但需要注意的是，不同的企业乃至不同级别的财务岗位，对员工的要求是不一样的，千万不能为了严格而过度拔高测评标准，导致测评方案可行性大打折扣。

举个简单的例子，专业的财务顾问机构对最低等级的财务人员的要求，可能比普通企业的财务高管还严格；而上市公司对财务高管的要求，可能又会比普通企业的财务高管高不少。那么，这几种级别的财务人员所采用的素质测评，就不能以统一标准进行设计。

（4）测评方法多元化

测评方法多元化不仅是财务人员素质测评的原则，也应该是所有岗位素质测评的设计原则，只有通过不同方式、不同种类的测评，才能将一个人的素质能力尽可能全面地展示出来，防止以偏概全、主观臆断、晕轮效应等问题和误区的产生。

接下来介绍财务人员素质测评的项目，主要有专业知识测评、个性测评以及面试三种。其中，专业知识测评应当占据较大的部分，因为财务相关的专业知识和素质能力一般只有靠笔试、计算机实操考试等方式才能客观地测出。

而个性测评和面试则更倾向于测试员工的综合素质，比如细致程度、应急情况处理能力、人际交往能力和主动性等方面，这些也属于影响财务工作效率和质量的胜任素质，不可以因为应试者在笔试上表现优秀，就忽略其在这方面的不足之处。

下面来看实例展示。

实用范例 财务人员素质测评项目

【专业知识测评：笔试】

一、单选题

1. 某企业按年利率10%向银行借款10万元，银行要求保留20%的补偿性余额。那么，企业该项借款的实际利率为（　　）。

　A. 10%　　　　B. 12.5%　　　　C. 20%　　　　D. 15%

2. 某企业从银行取得借款20 000.00元，期限1年，年利率5%。银行要求按贴现法付息，则企业借款的实际利率为（　　）。

　A. 5%　　　　B. 5.26%　　　　C. 5.5%　　　　D. 6%

3. 每股利润无差别点，通常用（　　）表示。

　A. 税前利润　　B. 税后利润　　C. 息税前利润　　D. 每股利润

二、多选题

1. 下列几个因素中，影响内含报酬率大小的是（　　）。

　A. 市场利率　　　　　　　　B. 各年现金净流量

　C. 投资项目有效年限　　　　D. 原始投资额

2. 在不考虑通货膨胀的条件下，必要投资报酬率的构成要素包括（　　）。

　A. 通货膨胀补贴率　　　　　B. 风险报酬率

　C. 无风险报酬率　　　　　　D. 资金成本率

3. 在完整的工业投资项目中，经营期期末（终结点）发生的净现金流量包括（　　）。

　A. 回收流动资金　　　　　　B. 回收固定资产余值

　C. 原始投资　　　　　　　　D. 经营期末营业净现金流量

三、判断题

1. 当预计的息税前利润大于每股利润无差别点时，采用负债筹资会提高普通股每股利润，降低企业的财务风险。（　　）

2. 在进行债券投资决策时，只有在债券市场价格低于按估价模型计算出的价值时，才值得投资。（　　）

四、简答题

1. 分析与评价长期投资方案优劣的专门方法主要有哪些类别？它们有什么不同？

2. 财务计划就是根据企业经营计划，对企业资金供求状况所做的预测和安排，通常来说制订财务计划有哪些步骤？

五、实例分析题

××企业2022年10月份损益类账户发生额为：主营业务收入170 000.00元，主营业务成本105 000.00元，销售费用9 000.00元，营业税金及附加1 200.00元，管理费用7 600.00元，财务费用2 000.00元，营业外支出2 200.00元。要求：

1. 将损益类账户发生额结转到"本年利润"账户中，并计算利润总额。

2. 经计算所得税为14 190.00元，试做出结转所得税及转入"本年利润"账户的会计分录，并计算净利润。

3. 按净利润的10%提取法定盈余公积，并编制会计分录。

4. 结转本年利润及利润分配明细账。

5. 根据以上资料编制利润表。

【个性测评：MBTI性格测试】

1. 认识你的人倾向于形容你为：①逻辑和明确；②热情而敏感。（　　）

A. 非常像①　　B. 比较像①　　C. 居中　　D. 比较像②　　E. 非常像②

2. 你喜欢：①有部署、有节奏的工作；②有灵活性、较为松散的工作。（　　）

A. 非常像①　　B. 比较像①　　C. 居中　　D. 比较像②　　E. 非常像②

3. 你乐于拥有广泛的朋友圈：①是的；②如果可以选择的话，我更愿意一个人静静待着。（　　）

A. 非常像①　　B. 比较像①　　C. 居中　　D. 比较像②　　E. 非常像②

4. 当受到情感上的伤害或挫折时：①虽然我觉得受伤，但一旦想通，就会很快从阴影中走出来；②我通常让自己的情绪深陷其中，很难走出来。（　　）

A. 非常像①　　B. 比较像①　　C. 居中　　D. 比较像②　　E. 非常像②

5.你选择的生活充满着：①自然发生和弹性；②日程表和组织。（　　）
A.非常像①　　B.比较像①　　C.居中　　D.比较像②　　E.非常像②

【面试：结构化面试】

结构化面试流程通常可以通过一张表来展示，见表5-7。

表5-7　会计（总账）岗位结构化面试题及标准

考查要素	问题	标准
自我评价、求职意向、工作态度	1.简单介绍工作、学习经历 2.为何离开原单位 3.个人今后的发展方向，对未来有何规划 4.你选择工作更注重什么？希望选择什么样的公司 5.简述个人优缺点 6.期望薪金 7.你如何评价原来的公司 8.你的领导对你的工作是什么态度	1.清晰，重点突出 2.原因具有说服性 3.比较实际可行 4.与公司情况相符 5.无突出缺点 6.切合实际 7.积极正面
分析判断能力	1.你在处理一个特别重要的问题时，又出现了一个新的危机，你该怎样决定先做什么，后做什么 2.你通过什么来区分工作任务的轻重缓急 3.在需要做出决定时，你是如何选择接受或放弃的 4.是怎样确定自己的工作重点的	有明确的标准或观点，有说服力，语言表达准确
计划执行能力	1.工作中实施结果与事先计划出现较大的偏差，你将如何去做 2.以往工作中，一个月内有哪些主要的工作？占用时间比例是怎样的，或者各自发生的频率是怎样的 3.领导布置了以前没接触过的任务，你如何完成 4.新进公司或新接手一项工作，你将怎样开展工作 5.有很多工作要做，每个工作的完成期限都非常短，你该用什么方法在有限的时间内来完成这些工作 6.如果这个工作完全按你的想法去做的话，该是什么样	思维清晰，有明确的解决方法，程序与条理顺畅，切合实际；能有效理解领导布置的任务，并按要求执行和完成
组织协调能力	1.职责外的工作使你不能按时完成本职工作，你会如何处理 2.需要配合你的其他部门无法按你的进度提供协助，你怎样做 3.当你的工作重点和领导的工作重点发生冲突时，你怎样解决 4.如果遇到你自己做不了的事，你该怎么办 5.你和领导就某问题发生意见分歧，你会怎样处理 6.是否遇到过一些不得不让你做出较大改变的事情，你怎么看	明确自身职责，遇突发事件能较好地控制情绪，能及时与相关负责人进行汇报沟通，处理方式妥当。能寻找适当的方法和渠道解决问题

续上表

考查要素	问　　题	标　　准
学习能力	是否有一些学习计划，对在公司内部学习经验知识有什么想法	应有规划
严谨程度	1. 对经常出现数字性错误，有什么看法 2. 对工作严谨细致吗？对自己有什么要求	考虑充分慎重
团队合作性	1. 你认为做一个好的员工和当一位好的团队成员有什么区别 2. 当团队成员遇到困难时你会怎么做	有集体意识，协助性强
账务处理	如何处理所在行业账务处理（如材料成本差异）如何制定财务部门的制度的（如会计保管制度）	借贷科目准确
	房地产行业涉及哪些税种，是如何缴纳的	土地增值税、城镇土地使用税、营业税等

5.3.2　建立素质测评体系

财务人员的素质测评体系也是具有针对性的，其中应当包含财务专业知识、执行能力等基本测评要素，以及对每项要素的标准描述、权重安排、评级方式等，下面通过表5-8来展示。

表5-8　财务人员素质测评体系

测评要素	权重	等级	测评标准	测评标度
财务管理知识运用能力	10%	一级	财务管理知识一般，运用能力较弱，原则性一般	0~69分
		二级	财务管理知识扎实，运用能力一般	70~89分
		三级	财务管理知识扎实，灵活运用	90~100分
判断决策能力	20%	一级	能根据已有信息做出初步判断、决策，但可行性较差	0~69分

续上表

测评要素	权重	等级	测评标准	测评标度
判断决策能力	20%	二级	善于挖掘潜在信息做出判断、决策，比较周全，但决策的灵活性有待提高	70～89分
		三级	能全局把握信息做出果断决策，灵活变通，决策的可行性、周全性较强	90～100分
领导授权能力	10%	一级	授权意识较弱，很少提供指导性建议	0～69分
		二级	授权意识一般，授权较合理，能够根据实际情况提供一些指导性建议	70～89分
		三级	授权意识较强，能够进行适当、合理的授权，能根据实际情况提供明确的指导性建议，并给予监督	90～100分
执行能力	20%	一级	对问题的轻重缓急把握程度一般，所提方案较为单一、可操作性也较低	0～69分
		二级	能够把握问题的轻重缓急，并针对问题提出多套执行方案，但方案的可操作性一般	70～89分
		三级	全面把握问题的轻重缓急，能从多套执行方案中确定最佳解决方案，并能灵活有效地予以执行	90～100分
人际沟通能力	10%	一级	人际沟通意识一般，语言表达能力一般，缺乏与人的沟通技巧	0～69分
		二级	语言表达能力较好，善于倾听并积极反馈	70～89分
		三级	具备较强的人际沟通意识和公关意识，能运用各种技巧促进沟通	90～100分
组织协调能力	10%	一级	能够基本了解财务部门的职责和定位，分工协作意识一般	0～69分
		二级	能正确理解财务部门的职责和定位，能与其他部门协调合作	70～89分
		三级	不仅能正确理解财务部门的职责和定位，还能理解相关部门及人员的职责，能够协调本部门与其他部门的共同合作	90～100分

续上表

测评要素	权重	等级	测评标准	测评标度
团队管理能力	10%	一级	能够确立简单的团队目标，但对此目标管理的力度和决心不够	0～69分
		二级	能够确立明确的团队目标，并有意识地进行管理	70～89分
		三级	能够确立明确的团队目标，能及时发现团队中存在的问题并采取有效的措施予以纠正，关注实施的成效	90～100分
法律知识储备	10%	一级	了解与工作相关的各项法律、法规，使自己的工作合法、合规，避免出现原则性错误	0～69分
		二级	掌握工作相关法律知识，了解其他法律知识，并能够运用于工作之中，确保企业的经营在合法的条件下运行	70～89分
		三级	精通与企业运营、财务工作相关的全部法律知识，并能够灵活运用。在不违反法律、法规的情况下进行税务筹划、投融资等，控制经营成本，提高资金运营效率，保证企业经营战略的实现	90～100分

第6章

实操应用：各种能力素质测评

企业在招聘人才或是进行高层职位选拔时，无论测评对象如何，有一些基本素质都是应该涉及的，比如智力水平、管理能力和领导能力等，有时候还会加上一些对创新能力、数据处理能力等要素的测评。因此，相关人员有必要了解这些比较常见的素质测评包含的内容以及常见的题型等，以备实战应用。

6.1 智力测评

智力测评顾名思义，就是对人体心智功能的各种测验和评价。对于"智力"这一概念，学术界众说纷纭，有人认为智力是指人认识、理解客观事物并运用知识、经验等解决问题的能力，包括记忆、观察、想象、思考、判断和推理等；有人说智力是指人的大脑理解社会、进行日常生活能力的复杂程度。

其实对于智力的定义并没有严格的标准，这一点和"人格"比较相似，读者可以将其简单理解为人类学习和适应环境的能力。

那么，针对智力的测评，就相当于是针对一个人的思维能力、学习能力和适应环境的能力的测评。这些测评维度对于企业用人来说必然是关键的，因此，智力测评也是企业招聘和选拔过程中的常用测评手段之一。

理论上来说，如果全人类的智力都能测量，那么最终量化得出的数据，也就是人们常说的 IQ 数值，将会呈现正态分布，如图 6-1 所示。

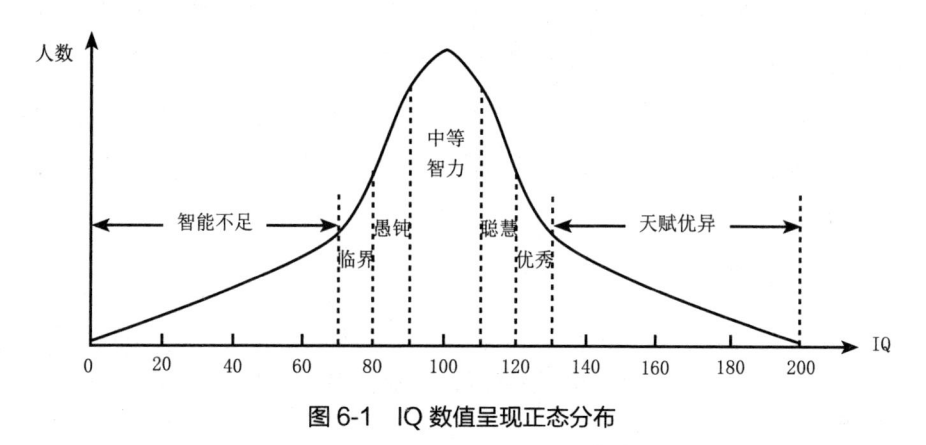

图 6-1 IQ 数值呈现正态分布

企业以及人力资源工作者需要做的是尽量选择智力层次在平均值以上的人群。智力水平越高，应试者的数值推理、记忆以及感知与组织能力等方面素质就可能会越强，未来提升的潜力和能力也会相应增加，那么企业就可以将其作为储备人才进行重点培养。

6.1.1 智力水平测评方法

智力水平的测评方法非常多，除去第6.1.2节才会介绍到的智力量表以外，还有常规智力测评和专业智力测评的大致分类。

其中，常规智力测评是指在没有测评工具或量化技术的情况下，进行的一般性的智力分析手段，比如观察法、实验法、谈话法、个案调查法和作品分析法等。很显然，这种测评手段的优势在于成本低廉，简单易操作，但劣势更为突出，那就是主观性太强，没有统一的评判标准，结果参差不齐，信度和效度都极为低下。

专业的智力测评就能很好地规避这些缺点，因此，这里建议企业尽量使用专业的智力测验工具或是方法来进行人才选拔，至少得出的结论要更加可靠。那么，专业的智力测评又有哪些呢？下面来逐一了解。

（1）中国比内测验

中国比内测验其实是比内测验的修订版，比内测验起源于法国，其发明者阿弗雷德·比内是心理测验的创始人之一。

而比内测验正是基于他与同事发明的比内-西蒙量表产生的，在经过百年历程，多方修订后，中国学者吴天敏将其发表的一版修订版称为"中国比内测验"。中国比内测验共计51题，结果采用离差智商（表示被测者成绩偏离该年龄组平均成绩的程度）表示。

不过，由于该测验仅适合于2~18岁的未成年人，因此对企业人才测评来说作用不大，这里就不详细讲解，读者仅作了解即可。

（2）瑞文标准智力测验

瑞文标准智力测验也称为瑞文标准推理测验，是一种以渐进性矩阵图形式呈现的非文字智力测验，广泛应用于无国界的智力、推理能力测试，在企业人才测评中十分常用。

瑞文标准智力测验一共由60张图组成，按逐步增加难度的顺序分成A、

B、C、D、E共五组，每组都有一定的主题，题目的类型略有不同：A组主要测试知觉辨别力、图形比较、图形想象力等；B组主要测试类同比较、图形组合等；C组主要测试比较推理和图形组合；D组主要测试系列关系、图形套合、比拟等；E组主要测试互换、交错等抽象推理能力。

总的来说，瑞文标准智力测验中矩阵的结构会越来越复杂，从一个层次到多个层次的演变，要求的思维操作也是一种从直接观察到间接抽象推理的渐进过程。

相较于中国比内测验，瑞文标准智力测验的覆盖范围就要广得多了，5～75岁的人群都适用。下面分别展示五组测验题中的一个示例题目。

实用范例 瑞文标准智力测验（节选）

【A组】请选择一个最适合填入空缺中的图形。（　　）

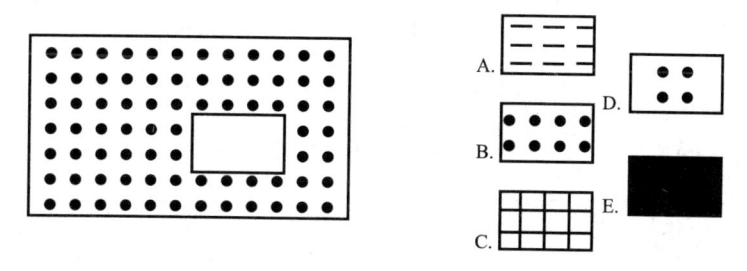

瑞文标准智力测验图 A 组

【B组】请选择一个最适合填入空缺中的图形。（　　）

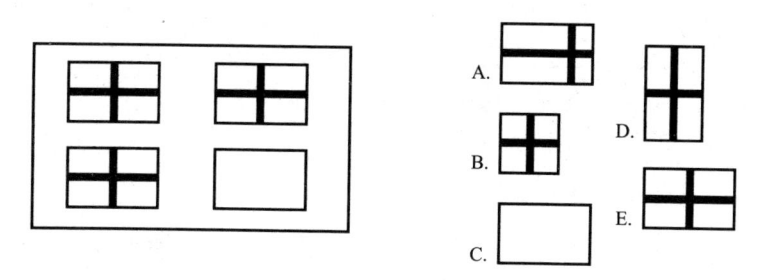

瑞文标准智力测验图 B 组

【C组】请选择一个最适合填入空缺中的图形。（　　）

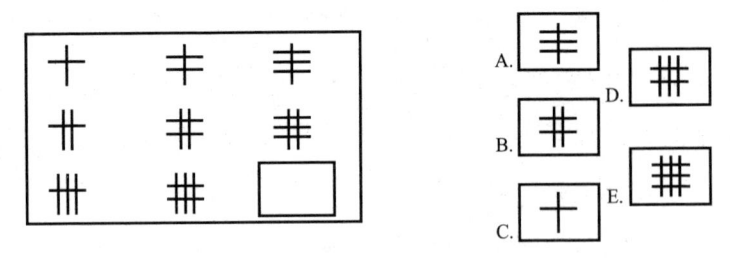

瑞文标准智力测验图 C 组

【D组】请选择一个最适合填入空缺中的图形。（　　）

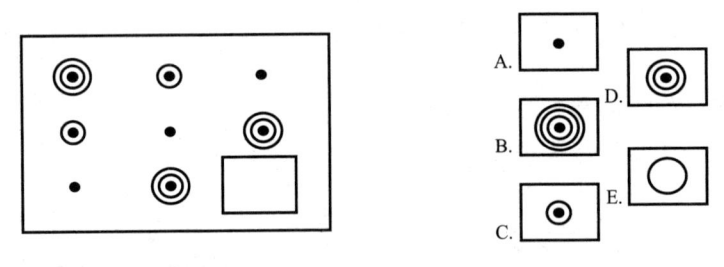

瑞文标准智力测验图 D 组

【E组】请选择一个最适合填入空缺中的图形。（　　）

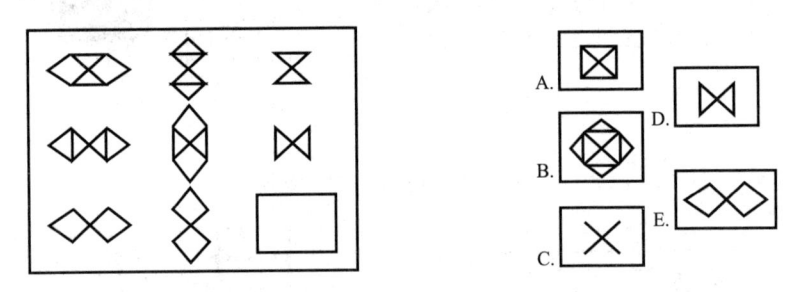

瑞文标准智力测验图 E 组

（3）三大人员心理测验

常用于企业人才测评的三大人员心理测验分别是韦斯曼人员分类测验、奥蒂斯独立管理心理测验和旺德利克人员测验，具体含义如下所示。

①韦斯曼人员分类测验：这是一种特别为企业人才测评而设计的智力

测试方式，适用于一些高级岗位的人员筛选，如营销人员、行政人员、生产经理和管理人员等。测验分为语言部分和数字部分，整体比较简短，时间在 30 分钟左右。

②奥蒂斯独立管理心理测验：这也是专用于企业人才测评的智力测试方式，不过相较于韦斯曼人员分类测验，该测验对智力和各方面能力的要求并不是太高，适用的岗位比较基础，比如普通职员、操作工人、制表员、数据录入员和工人小组组长等。测验一般集体进行，耗时不长。

③旺德利克人员测验：该测验其实就是奥蒂斯独立管理心理测验的缩略版，适用岗位也是类似的，只是测试更加经济快速，更适合工业企业和大型生产工厂等。

（4）军队甲（乙）种团体智力测验

军队甲（乙）种团体智力测验是一种团体智力测验，也是世界上第一个面向成人的团体智力测验，稍加改良，也可以应用于企业人才测评。

其中，军队甲种团体智力测验适用于文化程度较高的被测者，共包括八个分测验类别，每个分测验类别所包含的项目数量如下所示。

①指导测验（12 项）；②算术测验（16 项）；③常识测验（16 项）；④异同测验（15 项）；⑤字句重组测验（24 项）；⑥填数测验（20 项）；⑦类比测验（27 项）；⑧句子填空测验（15 项）。

军队乙种团体智力测验则适用于文化水平较低、工作内容简单的被测者，包含的分测验类别只有七个，并且都是非文字类测验题目，具体有迷津、立方体分析、补齐数列、数字校对、填图以及几何图形分析。

（5）卡特尔文化水平测验

卡特尔文化水平测验也称为卡特尔文化公平智力测验，是一种非言语类智力测验，主要测试的是不同的人在抽象和新颖情景下的分析、推理和演绎能力。

该测验设计的初始目的是消除文化差异带来的结果差异，也就是尽可能捕捉到不同文化人群里的共同智力因素。

举个简单的例子，如果测评的对象是年龄相仿的两人，一人来自农村，初中学历，但生活经验丰富，独立生存能力极强；另一人则来自一线城市，硕士学位，但几乎没有什么生活经验和常识。如果两人参加的智力测试更多地倾向于数理推理、知识水平等方面，那么对前者来说显然是不公平的；但如果智力测试的内容更倾向于生活常识、劳动实操，那么对后者来说就可能会存在一些不公平。

因此，卡特尔文化水平测验排除了言语类的测评题目，通过不同人群都能理解的方式进行智力测验。对于企业人才测评来说，这种测验方式的覆盖面就会比较广，虽然不够细致，但胜在经济高效、客观公平。

目前的卡特尔文化水平测验使用三种量表，第一种用于智力缺陷成人以及4～8岁儿童；第二种用于正常智力范围的成人以及8～13岁儿童；第三种用于能力较高的成年人以及大、中学生。

测验以图形为材料，包含序列、类别、矩阵和情景四个分测验类别，每个测验类别的答题时间不同。完成测试后，通过一系列对比、转换和计算后，就能得出确切的智力数据。

（6）工业人事测验

工业人事测验也称为温德利人事测验，是用于工业选拔的一般智力团体筛选测验。测验的许多项目选取于奥蒂斯独立管理心理测验，但所用的类型和军队甲种团体智力测验相同，主要测验知识水平、类比能力、反应速度、演绎推理和数学能力等。

工业人事测验一共有50个题目，测试时间在15分钟左右，能够帮助企业快速判断员工的基本能力，看其是否适合该岗位，是一种经济实用的智力测验方式，适合中小型企业。

6.1.2 常见的智力量表

智力量表是智力因素的诊断依据之一，比较著名的智力量表有比奈-西蒙智力量表、韦克斯勒智力量表以及斯坦福-比奈智力量表。

不过，由于比奈-西蒙智力量表出现时间较早难免在某些方面不太完善，也不适用于现今企业的人才测评。因此，尽管它是许多智力测验的理论基础和制定依据，但几乎已经不再使用了。本节重点介绍韦克斯勒智力量表和斯坦福-比奈智力量表。

（1）韦克斯勒智力量表

韦克斯勒智力量表也称为韦克斯勒量表、韦氏智力量表，是一套非常著名的国际通用型智力测验工具，其下包含了韦克斯勒-贝尔韦量表、韦氏成人智力量表、韦氏儿童智力量表和韦氏幼儿智力量表，其中最需要企业关注的就是韦氏成人智力量表。

韦氏成人智力量表的测验项目分为两大块，分别是言语类和操作类，其包含的项目如图6-2所示。

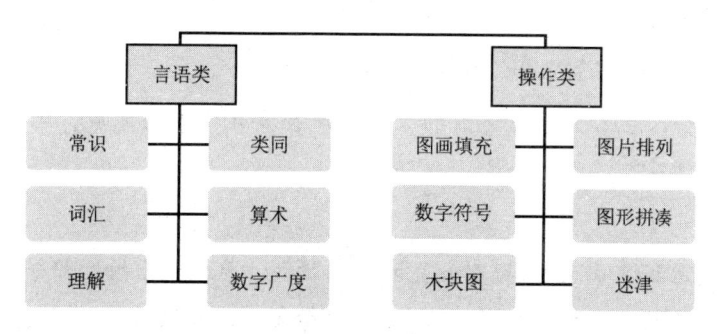

图6-2 韦氏成人智力量表测验项目

对于一般人群，韦氏成人智力量表的测试信度和效度都是比较合理的，但对于智商极高或智商极低的人群，韦氏成人智力量表可能会出现一定的偏差。而且韦氏成人智力量表测验的形式比较复杂，内容也比较多，相较于前面介绍的测验方式来说成本较高，因此比较适合高级人才选拔、大型企业人才招聘等情形。下面来展示一些例题。

实用范例 **韦氏成人智力量表**（节选）

【知识】所有受试者均从第5项开始，逐一提问。若第5项或第6项失败，便回头做第1～4项，连续5项失败（得0分）终止。

1. 一年中哪个季节白天最长？
2. 一天中什么时间影子最短？
3. 夏天穿深色衣为什么比穿浅色衣要热一些？

....

【理解】所有受试者均从第3项开始，逐一提问。若第3、4或5项中任何未得满分，便回头做1～2项，连续4项得0分终止。

1. 城市里为什么要有交通警察？
2. 为什么不要同坏人交朋友？
3. 耕种为什么要按季节？

....

【算术】所有受试者均从第3项开始，若第3或4项得0分，便回头做1～2项，连续4项得0分终止。

1. 每套铅笔12支，2套半共多少支？
2. 5角钱买7个2分的邮票，应找回多少钱？
3. 8个人在6天内可完成的工程，现在要在半天内完成，问一共要多少人才能做完？

....

【图画填充】由21幅有缺失的图画构成，要求找出缺的部分。应试者从第1项开始，直到全做完，1～2项可给帮助，每项时限20秒。

图画填充

【图片排列】调整散乱的图片，使之成为有意义的故事，共8项。测试者从第1项开始，按规定顺序呈现，每张卡背面有一排数字，如(2-3-1/4)，第一个数字"2"为项目序号，第二个数字"3"为呈现位置，第三个数字"1"为正确顺序，斜线后的数字"4"为卡片张数，1~2项可给帮助。

【数字符号】要求给数字1~9配上相应的符号，共90项。在90秒内，以最快的速度，按顺序填写相应的符号，时间到停止。

对应关系	1	2	3	4	5	6	7	8	9
	⌐	⊥	⊐	⌐	⊔	○	∧	×	≡

样本	2	1	3	7	2	6	9	4	5	3	8
	5	3	4	6	5	8	7	1	9	2	1
	7	8	5	9	2	5	2	8	6	3	4

（2）斯坦福-比奈智力量表

斯坦福-比奈智力量表是学者在比奈-西蒙智力量表的基础上修订而成，在原本的52个项目的基础上增加到了90个项目，同时，针对不同年龄段进行分组，使得斯坦福-比奈智力量表不仅能够测试幼儿、儿童的智商水平，对成年人也有较好的测试作用。

斯坦福-比奈智力量表与韦氏成人智力量表一样，都是应用比较广泛的智力测试工具，对企业人才测量有很大的助益。

量表共包含15个分测验类别，可以测试四个维度，即言语推理、抽象/视觉推理、数量推理和短时记忆。测试的形式有口述比喻测试、口述推理和图片测试以及非语言的知识测试。

下面来展示部分例题。

实用范例 斯坦福 - 比奈智力量表（节选）

1. 找出与众不同的一个：（   ）

A. 铁　　　　B. 铝　　　　C. 铜　　　　D. 锡　　　　E. 钢

2. 全班学生排成一行，从左数和从右数，小李都是第 15 名，问全班共有学生多少人？（   ）

A. 2　　　　B. 30　　　　C. 29　　　　D. 15　　　　E. 31

3. 一个立方体的六面，分别写着 ABCDEF 六个字母，根据以下四张图，推测 B 的对面是什么字母？（   ）

A. a　　　　B. b　　　　C. c　　　　D. d　　　　E. e

F. f

4. 找出与"确信"意思相同或意义最相近的词：（   ）

A. 正确　　　B. 真实　　　C. 信心　　　D. 明确　　　E. 肯定

5. 如果所有的甲是乙，没有一个乙是丙，那么，一定没有一个丙是甲。这句话是：（   ）

A. 错的　　　　　　　B. 既不对也不错　　　　　　　C. 对的

6. 沃斯比乔丹大，麦瑞比沃斯小。下列陈述中哪一句是正确的？（   ）

A. 麦瑞与乔丹一样大　　　　B. 无法确定麦瑞与乔丹谁大

C. 麦瑞比乔丹大　　　　　　D. 麦瑞比乔丹小

7. 五个答案中哪一个是最好的类比："预杉"对于"须抒"，相当于 8326 对于：（   ）

A. 3628　　　B. 6328　　　C. 2683　　　D. 6238　　　E. 2368

8. 经过破译敌人密码，已经知道了"香蕉苹果大鸭梨"的意思是"星期三秘密进攻"；"苹果甘蔗水蜜桃"的意思是"执行秘密计划"；"广柑香蕉西红柿"的意思是"星期三的胜利属于我们"。那么，"大鸭梨"

的意思是：（　　）

A. 进攻　　B. 秘密　　C. 执行　　D. 计划　　E. 星期三

6.2 管理能力测评

管理能力实际上是管理者所需要具备的素质，以及提高组织效率的能力的统称，其内涵其实相当复杂，包括管理队伍的规模、素质和结构，管理手段的科学化和现代化程度，管理教育的广度与深度，以及管理科学研究与理论水平等。

不同的职位、级别乃至不同性质的企业管理者，具体的职能和应具备的能力可能都不太相同，不过一些基本的能力还是需要精通的，比如战略管理能力、授权决断能力、承受压力能力、激励能力和组织协调能力等。

针对管理能力的测评维度和要素应该围绕这些方面展开，包括但不限于以上五种，下面就来详细进行介绍。

6.2.1 管理能力包含的维度

首先来了解管理岗位的职责有哪些，如下例所示。

实用范例　××公司高级管理岗位职责

1. 领导执行、实施董事会的各项决议，组织实施公司的发展战略，发掘市场机会，领导创新与变革。

2. 根据董事会下达的年度经营目标组织制订、修改、实施公司年度经营计划；监督、控制经营计划的实施过程。

3. 建立良好的沟通渠道。

（1）负责与董事会保持良好沟通，定期向董事会汇报经营战略和计划执行情况、资金运用情况和盈亏情况、机构和人员调配情况及其他重大事宜。

（2）负责建立并维护公司与客户、合作伙伴、政府机构、金融机构、媒体等部门间顺畅的沟通渠道。

（3）领导开展公司的社会公共关系活动，树立良好的公司形象。

（4）负责建立公司内部良好的沟通渠道。

4. 主持公司日常经营工作。

（1）负责公司员工队伍建设，选拔高、中层管理人员。

（2）主持总经理办公会，对重大事项进行决策。

（3）代表公司参加重大业务、外事或其他重要活动。

（4）负责签署日常行政、业务文件。

（5）负责处理公司重大突发事件，并及时向董事会汇报。

（6）负责办理由董事会授权的其他重要事项。

5. 领导公司各分管部门开展工作，建立、健全公司的组织管理系统，使之合理化、精简化、高效化。

（1）领导建立、健全公司财务管理制度，组织制定财务政策，审批重大财务支出。

（2）领导建立、健全公司人力资源管理制度，组织制定人力资源政策，审批重大人事决策。

6. 关心员工，以身作则，使公司具有高度凝聚力，并要求员工以高度热情和责任感去完成本职工作。

从该公司对管理人员的要求可以看出，该管理岗位属于高级管理层岗位，能够独立做出影响公司战略走向的重大决定，代表公司出席活动，还能直通董事会，应该是属于首席执行官或执行总裁的职责。而普通的管理人员又有哪些职责呢？下面再来看一个例子。

实用范例　××公司普通管理岗位职责

1. 在行政部主管的领导下，协助搞好办公室的各项工作。

2. 负责公司电话接线工作，对来往电话拨接准确、声音清晰、态度和蔼，恰当使用礼貌用语。

3. 接待好公司来访的客户。

4. 及时处理与打印公司相关文档与资料等。

（1）负责主管交办的各种文字拟稿工作。

（2）收发有关文件、信函、电报等；办理公文的登记编号、签发、分送工作。催办领导和公司限期办理的事项。

（3）做好会议记录，整理会议纪要和简报，了解会后的贯彻执行情况。

（4）打印公司工作报告、总结、规划、计划、决议和通告等，协助主管审核、校对，以公司名义签发的公文稿。

（5）负责公司大事记和有关资料的采集整理工作。

（6）负责公司领导的文件传阅，处理公司领导签批的文件、函电，转递单位和个人给公司领导的请示报告等。

5. 行政、人事处理与资料保管。

（1）负责公司办公设备的管理，计算机、传真机、复印机、电话的具体使用和登记，名片印制等工作。

（2）负责低值易耗办公用品的发放、使用登记和离职时的缴回。

（3）负责各类办公用品仓库保管，每月清点，年终盘存统计，做到入库有验收、出库有手续，保证账实相符。

（4）负责公司人员档案，包括人事、培训、考核的建立和管理工作。

（5）记录员工请假、调休，并统计请假人数，做好每月考勤记录。

（6）协助主管招聘新员工。

（7）做好公司员工入职或离职相应手续，保管好员工资料、员工全日制劳动合同等重要资料。

6. 负责办公室的环境卫生工作。

7. 负责下班时对整个办公区的巡视，查看门窗、水机电源、电脑电源等关闭情况。

很明显，该管理岗位的工作职责就要基础多了，是行政部门的下属级别，也是权力仅高于普通员工的初级管理岗位，可以看到其工作之繁杂，甚至还有关闭办公区电源、负责环境卫生的职责。那么针对这类管理人员的测评维度，就不可能按照首席执行官的标准和要求来。

尽管如此,一些基本的管理能力和测评标准还是共通的,见表6-1。

表6-1 管理能力测评维度及标准

测评维度	标　　准
战略管理能力	1. 具有主动进行战略规划的意识 2. 能识别出组织的关键成功要素 3. 能够有效地平衡各种要素(市场、人力、竞争) 4. 能从不同角度考虑战略问题 5. 能综合考虑现实与未来,局部与整体之间的关系,明确战略执行的计划
知人善任能力	1. 能够对下属进行客观地评价,既有优点也有缺点 2. 能够根据下属的特点,安排相适宜的岗位,实现人职匹配 3. 能根据下属的特点,在工作过程中进行指导或提醒 4. 能信任下属,交办下属的工作要求独立完成,并实施激励,增强下属自信 5. 能考虑下属未来的职业发展问题
创新、变革能力	1. 具有产生不同于前的新思想、新观念、新想法等的创造性 2. 具有提出新方法解决问题的独创性,且新方法具有一定的推广价值 3. 对所负责的领域需要作出调整或全新的转变有深刻的认识 4. 有能力为变革方案制订具体的实施计划,能有效管理变革方案的实施 5. 在变革过程中能够承受各方面的压力,坚持执行
建立伙伴关系的能力	1. 能根据个人或组织的需求发现建立伙伴关系的对象 2. 能利用策略或采取有效的措施,达到建立伙伴关系的目的 3. 与合作对象长期保持积极开放的信息交流渠道 4. 可以从多赢的角度考虑与伙伴的共同发展,而不只是满足自己的目的 5. 不断扩大伙伴关系网络,整合资源并服务于组织未来发展
沟通能力	1. 有主动沟通意识,愿意用沟通的方式来解决问题 2. 主动与别人交流,能给别人提供建设性的反馈 3. 交流过程中能积极倾听他人的观点,并表现出肯定 4. 能有效运用正式与非正式交流的机会与渠道 5. 能有效利用语言与文字沟通,或其他非语言技巧

续上表

测评维度	标 准
团队与组织能力	1. 在团队工作中注意自我角色定位，不以权势或其他明显优势来压制他人 2. 不以自我为中心，不按照自我意志去要求他人 3. 关注团队成员的反应，积极地团结他人共同工作 4. 注意发挥不同成员的优势，强调成员之间的分工与合作 5. 在团队中有组织与协调的地位，能够带动成员共同完成任务
授权与控制能力	1. 进行充分沟通以便让下属代入工作角色、职责和工作目标 2. 按照下属的职责范围交给下属应完成的任务，并非自己处理 3. 在下属履行职责的过程中，帮助处理困难，提高工作水平 4. 对交付下属的任务进行检查，并告知其汇报的方式与时间 5. 按照组织机构或管理层次的要求处理问题，不越权
分析与决策能力	1. 明确事物的分析目标或假设合理，注重利用有效的方法 2. 分析问题注重收集或听取不同方面的信息，作为参考 3. 在做决策前能够事先考虑各种方案的后果 4. 决策依据客观、理性的分析，能够对方案进行科学评估 5. 决策过程中能够主动征求相关人员的意见

6.2.2 有关管理者的胜任素质模型

前面说了，不同层级管理者的职责和标准不同，但具体描述出来又有哪些不同，每个层级的胜任素质模型有哪些差别呢？下面通过某大型公司对高层管理者、中层管理者和基层管理者的胜任素质分级，来了解其中的差异。

实用范例 ××控股集团管理者胜任素质模型手册

【管理者胜任素质分级】

高层管理者胜任素质（8项）：战略导向、影响感召、统筹规划、执行推动、团队建设、组织认同、大局观念、廉洁奉公。

中层管理者胜任素质（8项）：统筹规划、执行推动、团队建设、组织认同、大局观念、廉洁奉公、组织协调、监督控制。

基层管理者胜任素质（6项）：团队建设、组织认同、大局观念、廉洁奉公、组织协调、监督控制。

【胜任素质模型】

详见表6-2。

表6-2 高、中、基层管理者胜任素质模型

素质	定义	分级 1	分级 2	分级 3	分级 4
战略导向	深入理解并认同公司的发展目标和战略，并能够以此作为工作的出发点，指导具体的决策与行动，确保各项经营管理活动与公司总体发展战略一致	思考与参与战略	落实与推动战略	理解与认同战略	漠视与质疑战略
影响感召	合理运用组织赋予的职权，并积极通过自身的思想和行为在组织内部树立威信，不断塑造和提升领导风范和人格魅力	魅力感召	树立威信	赢得认可	负面影响
统筹规划	明确分管领域定位和工作重点，对业务和管理模式进行全面考虑，准确识别并有效配置、整合内外部资源，以支撑组织的现实要求和长远发展	基于战略、前瞻规划	整体思考、系统规划	把握关键、有序安排	工作盲目、缺乏计划
执行推动	合理分解经营指标或任务目标，高效贯彻落实工作计划，有力推动本领域与其他相关方积极开展行动，以确保目标实现或者任务结果的达成	超越期望	高效落实	稳步推进	低效执行
团队建设	清楚业务发展对人才的需求，科学选才，知人善用，有效激发下属的工作热情，大力培养人才，持续提升团队整体能力，以建立并巩固组织在人力资源方面的竞争优势	优化机制、梯队建设	激励下属、打造团队	主动关怀、辅导培养	缺乏鼓舞、压制成长
组织认同	深入认同并支持公司的工作方式与价值观，在行动上表现出价值取向的一致性，追求自身与公司的共同发展	承诺与归属	认同与维护	理解与尊重	淡漠与排斥

续上表

素质	定 义	分级 1	2	3	4
大局观念	跳出本位，全面、系统地考虑决策与行动对组织整体及其他部门的影响，始终以大局为重，追求组织整体利益的最大化	全局视野、提升合力	站高一层、协同发展	突破本位、换位思考	自我中心、心无整体
廉洁奉公	品行端正、廉洁自律，在思想和行为上严格要求自己，自觉践行社会对管理干部公认的行为标准，维护公司管理干部的良好形象	勤勉奉公、弘扬正气	以身作则、公正廉明	严于律己、遵章守纪	品行不端、贪污腐败
组织协调	根据工作目标需要，积极与相关方进行沟通，协调彼此的关系和利益，及时化解矛盾冲突，以保证工作的顺利开展	平衡利益、追求共赢	化解冲突、促进合作	主动沟通、赢得理解	被动沟通、逃避矛盾
监督控制	注重工作品质，适时审视工作进展，有效监督执行过程中的关键节点和重点难点，尽力防范、降低、控制不确定因素的发生发展，以确保工作过程始终指向既定目标要求	系统管控	重点监控	严格要求	不管不控

6.3　领导能力测评

领导能力和管理能力看似相近，但其实二者之间有着明确的区分。领导能力也称为领导力、领导者素质核心，是领导者的个体素质、思维方式、实践经验及领导方法等影响着具体的领导活动效果的个性心理特征和行为的总和。

也可以说，领导力是领导者凭借其个人素质的综合作用，在一定条件下对特定个人或组织所产生的人格凝聚力和感召力，是保持组织成长和可持续发展的重要驱动力。

领导者与管理者的关系，就好比领袖与施行者的关系，如果要更具体地类比，可以认为是董事会与首席执行官的关系。二者的侧重点不同，那么在素质测评方面也会有差异。

6.3.1 领导力的不同类型

不同于管理能力，领导力是具有类型之分的，尽管不同的学说、不同的研究者可能会将其分为诸多类型，但有几种领导力模型是比较著名和流行的，比如领导力五力模型、六维领导力模型以及拉姆·查兰领导梯队模型等。

（1）领导力五力模型

领导力五力模型是我国中国科学院"科技领导力研究"课题组在综合国内外领导力理论的基础上提出的，包括前瞻力、感召力、影响力、决断力和控制力五大要素，这五大要素共同构成了领导者的基本素质。

那么前瞻力、感召力、影响力、决断力和控制力又有什么含义，具体体现又是怎样的呢？下面通过表6-3来详细了解。

表6-3 领导力五力模型含义解析

领导力	含 义	具体表现
前瞻力	着眼未来、预测未来和把握未来的能力	1. 领导者和领导团队的领导理念 2. 组织利益相关者的期望 3. 组织的核心能力 4. 组织所在行业的发展规律 5. 组织所处的宏观环境的发展趋势
感召力	吸引被领导者的能力（即人格魅力）	1. 具有坚定的信念和崇高的理想 2. 具有高尚的人格和高度的自信 3. 具有代表一个群体、组织、民族、国家的伦理价值观和臻于完善的修养 4. 具有超越常人的大智慧和丰富曲折的阅历 5. 不满足于现状，乐于挑战，对所从事的事业充满激情

续上表

领导力	含义	具体表现
影响力	影响被领导者、事件和情景的能力	1. 对被领导者的需求和动机的洞察与把握 2. 与被领导者间建立的各种正式、非正式的关系 3. 平衡各种利益相关者的行为与结果 4. 与被领导者进行沟通的方式、行为与效果 5. 领导者拥有的各种能够有效影响被领导者的权力
决断力	针对战略实施中的各种问题和突发事件快速、有效决策的能力	1. 掌握和善于利用各种决策理论、决策方法和决策工具 2. 具备快速和准确评价决策收益的能力 3. 具备预见、评估、防范和化解风险的意识与能力 4. 具有实现目标所需要的必不可少的资源 5. 具备把握和利用最佳决策及其实施时机的能力
控制力	有效控制组织的发展方向、战略实施过程和成效的能力	1. 确立组织的价值观，并使组织团队中的所有成员接受这些价值观 2. 制定规章制度等规范，并通过法定力量，保证组织成员遵守这些规范 3. 任命和合理使用能够贯彻领导意图的干部，来实现组织的分层控制 4. 建立强大的信息力量，以了解和驾驭局势 5. 控制和有效解决各种现实的和潜在的冲突，以控制战略实施的过程

（2）六维领导力模型

六维领导力模型由北京大学领导力专家杨思卓教授提出，他认为，领导力是以责任为核心，以目标为导向，激发团队潜能，进而创造组织绩效的能力系统，将其拆分为六种能力，成为一个可分解的六力模型，具体如下所示。

①学习力：领导人超速的成长能力。

②决断力：领导人高瞻远瞩的能力。

③组织力：领导人选贤任能的能力。

④教导力：领导人带队育人的能力。

⑤推行力：领导人的超常的绩效。

⑥感召力：领导人的人心所向的能力。

如果用关系图来展示，能够感受得更直观，如图6-3所示。

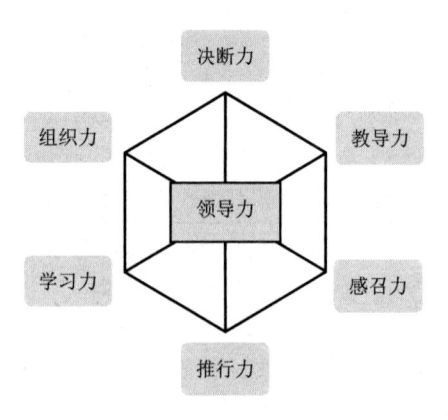

图6-3 六维领导力模型

从图6-3中可以看出，决断力与推行力、组织力与感召力、学习力与教导力分别位于同一条线上，这说明它们两两之间有密切的关系并互相影响。

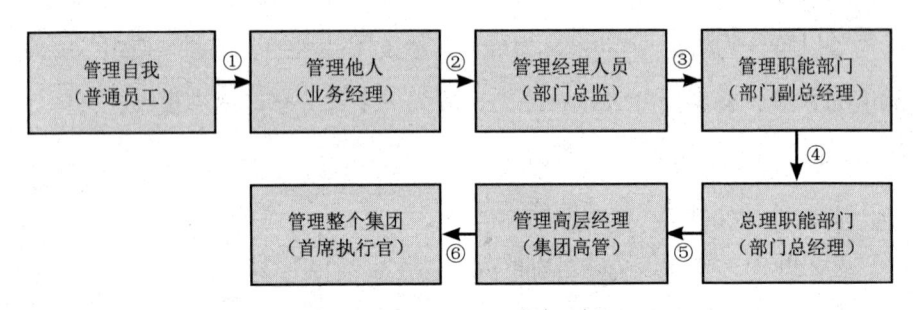

（3）拉姆·查兰领导梯队模型

拉姆·查兰领导梯队模型由管理咨询学者拉姆·查兰提出，以体系层级相对健全的跨国大公司为模板，划分出从普通员工到首席执行官的六个领导力发展阶段，具体如图6-4所示。

图6-4 拉姆·查兰领导梯队模型

每晋升到一个新的层级，员工都将面临以往未曾遇到、无须考虑、但现在却必须正视的领导力问题。如果企业能够及时意识到这些问题，并采取针对性的培养方案，那么就可以完成领导者能力培养，为其下一步晋升创造条件。

6.3.2 领导能力的测评方式

在充分了解领导力及其类型后，相关人员还需要知道如何测评员工的领导力、通过何种方式进行等实操内容。

领导力的测评工具主要有 360 度评估反馈、评价中心、面试和笔试等。其中，360 度评估反馈在第 3 章第 3.2.1 节关于绩效考核的内容中已经讲到过了。对于面试和笔试读者应该很熟悉，只有评价中心可能接触甚少，不知其为何物。

其实评价中心就是一种包含多种测评方法和技术的，相对比较全面的综合测评系统。它通过对目标岗位的工作分析，在了解岗位的工作内容与素质要求的基础上，设计一系列与工作高度相关的模拟情景，然后将被测者放入到该模拟情景中，要求其完成该情景下多种典型的管理工作，如主持会议、处理公文、商务谈判和处理突发事件等。

第 3 章中第 3.1 节介绍多种情景性综合测评方法，如公文筐测评、角色扮演测评等测评技术，都属于评价中心的范畴。可以说，情景模拟测评就是评价中心最核心，也最有特点的一项内容。

不过，除了情景模拟测评以外，评价中心还包含了传统的心理测验（评价被试者的人格、能力、职业兴趣等特质）、面谈（主要是结构化面谈）、投射测验（评估被试者的深层次人格特质、职业动机、职业价值观等）等内容。

正是由于其具有效度高、效率高、全面性强等特性，以及能够为公司提供更具有针对性的优劣势反馈，反映未来战略的需要，帮助甄选到所需的人才，评价中心已经成为比较权威的领导力测评工具之一。

用于测评领导力的情景模拟测评工具很多，除了在第 3 章中介绍过的情景判断、角色扮演、无领导小组讨论及公文筐以外，还有模拟工作会议、案例分析、管理游戏等工具，下面就结合实际测评题目来了解这些工具的用法。

实用范例 评价中心情景模拟测评工具

【模拟工作会议】××传媒有限公司业务部为促进网上商城业务发展，深入电子商务行业内部，制定了一份"××商联"网上商城方案。本次模拟会议会由应试者扮演××传媒有限公司高层领导者，向业务部提出问题、修改意见和不妥之处等，促使其继续完善方案。

"××商联"网上商城方案内容有：①"××商联"网简介；②××传媒有限公司简介；③电子商务的发展趋势；④××网购市场调查；⑤"××商联"为合作商家带来什么；⑥入驻"××商联"的相关事宜、未来展望等。

每人发言时间 3 分钟，发言完毕后自由讨论 10 分钟，会议时间控制在 50 分钟内，记录员全程记录会议内容。

【案例分析】××集团总裁张××决定改革内部评价高级管理人员的制度，提出以上缴利润作为提拔高级管理人员的标准。

具体做法：下属企业上缴利润超过 5 000 万元，其总经理可以提拔为集团总裁助理；上缴利润超过 1 亿元，其总经理可以提拔为集团副总裁；提前和大幅度超额完成任务者，其总经理可以提拔为常务副总裁。

请问，你认为这种用人制度合理吗？你认为应该如何评价人、选拔人？

【管理游戏】准备一根铝制单杠，将人员分成 A、B 两队，每队都只能用食指托起单杠，并将单杠从胸前移到膝盖的位置。

要求：所有人的食指都只能托着单杠，不许用手勾。每个人的食指都不能离开单杠，如果有人手指离开单杠了，就算违规，游戏重新开始。哪队最快完成这项目标，哪队就是优胜者。

测评分析：由于单杠很轻，如果没有领导者，一队人零散发力就会很难完成。那么游戏中能够起到领导作用，并能帮助小队尽快完成任务的，可被认为是具有一定领导才能者。

6.4 其他有关职业能力的测评

职业能力包含甚广，不同的职业、岗位要求的素质能力侧重点也有差别。除了专业能力以外，其他主要以附加形式存在的素质能力也是需要重点关注的，比如销售岗位侧重的语言理解与表达能力，计算机技术岗位侧重的数据处理与分析能力，业务发展岗位侧重的创新能力等。

尽管这些素质能力在其他测评手段中会有所涉及，不过很多都是附带的，并没有专门针对其进行测评，毕竟要考虑到成本和时间。不过，相关人员还是需要了解这些针对性极强的测评方式包含哪些内容。

6.4.1 语言理解与表达能力测评

在职业生涯中，每个人都要通过语言的沟通、理解和表达来达到自己的目的，不管在生活中还是在工作场合，语言理解与表达能力都是重要的技能。

针对语言理解与表达能力的测评方式主要有情景模拟、问卷、笔试和面试等，不过面试的主要测评方向大概率不会是语言理解与表达能力，那么接下来重点关注的就是情景模拟、问卷和笔试这三种方式。

通过前面内容的学习，相信读者对这三种测评方式都很熟悉了，下面就来看看测评题目是如何编制，又是从哪些方面来测评应试者的语言理解与表达能力的。

实用范例 语言理解与表达能力测评题目展示

【情景模拟】

你是事业部的一名小组组长，某日，领导要求你所在的小组完成一份工作方案。但你的小组正好有两名成员请假缺席，单靠你和剩下的两名成员无法在规定时间内完成方案。于是你必须向领导说明情况，请求与其他小组合作或者宽限时间，但不能让领导觉得你的小组能力不足或是在推卸工作。

应试者有 5 分钟准备时间，随后开始发言，期间考官会提出相应问题，需要应试者充分理解并回答。

【问卷】

1. 去公司应聘，面试官问你"你还有什么要问我的吗？"你通常会问：（   ）

A. 为了胜任这个岗位，我还需要学习哪些技能和知识？

B. 上班和休息时间是如何安排的？

C. 您作为公司领导，看到这个职位上做得很出色的员工都有什么特质？

D. 刚才问的那个技术问题某个细节我还不太明白，能解释下吗？

E. 公司对我这个职位的期望是什么？

F. 不问了，我差不多都了解。

2. 假如现在叫你讲个笑话，你会怎么做？（   ）

A. 不会在当时讲，因为出其不意的笑话才有笑点。

B. 平时也看过笑话，突然想不起来了，下次再讲。

C. 立刻讲自己听过看过或经历过的故事。

D. 立刻讲一个笑话。

3. 把不是很懂的内容说得像是专家一样，你会：（   ）

A. 分条列出观点，用逻辑性和系统性回答。

B. 故事导入或引经据典。

C. 算了不讲了，我怕出丑。

D. 一本正经地胡说八道。

4. 一个讲话拥有非凡的个人魅力和气场，并且受到绝大多数人认同和赞许的人，你认为具备了哪些条件？（   ）

A. 手握大权，令行禁止，有使人敬之畏之的霸王之气。

B. 博览群书，明理守礼，见过各种浮华，具有高尚品格。

C. 自信心和物质堆砌出来的高傲心气。

D. 丰厚的阅历和兼听的气度，无欲无求和自身强大的实力。

【笔试】

1. 虽然近年来出口增速下降的速度高于投资，但是由于投资对 GDP 贡献率远高于出口对 GDP 的贡献率，所以投资增速下降对经济增长速度的影响最大，而_____的就是与其紧密相关的钢铁、水泥、平板玻璃、大型机电设备制造等行业。

依次填入画横线部分最恰当的一项是：

A. 一马当先　　B. 四面受敌　　C. 毋庸置疑　　D. 首当其冲

2. 地球面积有限，除了那些不合适人居的地域，许多国家剩下的国土已然_____。越是密集拥挤的地方，污染治理的压力也越大。而治理污染越是困难，人口反而越发失控。当人口承载量日趋饱和，本身对环境的正常利用，也渐渐变成了不计后果的_____。

依次填入画横线部分最恰当的一项是：

A. 捉襟见肘；索取　　　　B. 寥寥无几；掠夺

C. 不堪重负；破坏　　　　D. 人满为患；占用

…………

6.4.2　逻辑推理能力测评

逻辑推理能力是一种根据周围环境和活动找出其内在的逻辑关系，从而推理出符合逻辑关系的结论的能力。简单来说，具备高逻辑推理能力的人，能够凭借敏锐的思考分析和快捷的反应，迅速掌握问题的核心，在最短时间内做出合理、正确的选择。

逻辑推理能力是职场生存必备的基本个人素质之一，有逻辑才能衍生出有条理的思维，进而诞生严谨的工作规划、计划方案等。一个逻辑混乱的人在工作中遇到的问题，很可能有一半都是自己造成的，这类人不仅要面对源源不绝的自身问题，对于外部问题的解决能力也很差。那么在进行人才测评时,相关人员就要进行针对性的筛选。

笔试是最常见的逻辑推理能力测评方式,下面就来看看逻辑推理能力的笔试测题是如何呈现的。

实用范例 逻辑推理能力测评题目展示

1. 一个数据库中现有 A、B、C、D、E、F 共六个语句,但目前这个数据库是不协调的,必须删除某些语句才能恢复数据库的协调性。已知:

①如果保留语句 A,那么必须保留语句 B 和语句 C。

②如果保留语句 E,则必须同时删除语句 D 和语句 C。

③如果保留语句 E,才能保留语句 F。

④语句 A 是重要的信息,不能删除。

以上各项如果为真,那么以下哪项一定为真?(   )

A. 保留语句 E 并且删除语句 C　　B. 同时保留语句 C 和语句 D

C. 保留语句 E 并且删除语句 B　　D. 同时删除语句 E 和语句 F

2. 通常认为,抛掷一枚质量均匀的硬币的结果是随机的。但实际上,抛掷结果是由抛掷硬币的冲力和初始高度共同决定的。尽管如此,对抛掷硬币的结果作出准确预测还是十分困难。

下面哪一项最有助于解释题干所说的现象,即抛掷结果被某些因素决定,但预测却很困难?(   )

A. 很长时间以来,抛掷硬币已被用作随机事件的典型例证

B. 如果抛掷一枚质量不均匀的硬币,其结果总能被精确地预测

C. 如果抛掷硬币的初始高度保持稳定不变,则抛掷硬币的结果将仅由抛掷冲力决定

D. 对抛掷硬币结果的准确预测,要求极其精确地估计抛掷硬币的初始高度和冲力

3. 赵×、钱×、孙×、李×、吴×、郑×、王× 七名保安每周轮流值夜班。就值班时间而言,现已知赵×比孙×晚一天;李×比吴×晚两天;钱×比王×早三天;郑×在钱×、孙×之间,并且是在星期四。

根据上述题干，下面哪一项关于值夜班的选项是真的？

A. 吴×在星期日　　　　　　B. 李×在星期二

C. 钱×在星期二　　　　　　D. 孙×在星期五

4. 业余兼课是高校教师实际收入的一个重要来源。某校的一项统计表明，法律系教师的人均业余兼课的周时数是3.5，而会计系则为1.8。因此，该校法律系教师的当前人均实际收入要高于会计系。

以下哪项为真，将削弱上述论证？（　　）

①会计系教师的兼课课时费一般要高于法律系。

②会计系教师中兼职会计的占35%；法律系教师中兼职律师的占20%。

③会计系教师中业余兼课的占48%；法律系教师中业余兼课的占20%。

A. 仅①和②　　B. 仅①　　C. 仅②　　D. 仅③

6.4.3　数据处理与分析能力测评

数据处理与分析是工作中经常涉及的部分，其中包含了数据的认识能力、收集能力、整理能力、表述能力和探究能力等。许多岗位都对员工的数据处理与分析能力有比较高的要求，比如财会岗位、税务岗位、数据分析岗位、技术岗位和保险金融岗位等。

当然，其他岗位虽然不会对此有过高的要求，但基本的数据的认识能力、收集能力、整理能力和表述能力还是要有的。因此，对于数据处理与分析能力的测评，相关人员需要进行了解。

由于数据处理与分析的特殊性，因此测评一般是通过笔试进行的。不过有时候也有口头测评，比如提供几组数字，要求在规定时间内顺背、倒背等，测试的是数字敏感度。下面来看看常见的数据处理与分析能力测题。

实用范例　数据处理与分析能力测评题目展示

1. 对2021年市场所有产品用户进行分析，发现高净值用户人均贡献值

35 000元，中净值用户人均贡献值25 000元；2022年上半年各类用户人均贡献值不变，高净值用户增加15%，中净值用户增加25%，则两类用户的2022年人均贡献值比2021年（　　）。

  A. 持平　　　　B. 提高　　　　C. 下降　　　　D. 无法判断

2. 如何用透视表进行数据环比（　　）。

  A. 统计父行汇总百分比再对比　　B. 统计父列汇总百分比再对比

  C. 统计百分比再对比　　　　　　D. 统计差异百分比再对比

3. 以下对于数据分析流程，正确的顺序是（　　）。

①发生了什么；②后续会怎样；③为什么会发生；④可采取哪些行动

  A. ①②③④　　B. ①③②④　　C. ③①②④　　D. ①④③②

4. 在用Excel的【数据分析】功能进行数据分析时，以下哪个是不可以实现的功能（　　）。

  A. 标准差分析　　B. 移动平均　　C. 抽样　　D. T检验

  E. 随机数

5. 想要反应同类型对比和排序关系，通常会选用（　　）。

  A. 柱状图　　　B. 条形图　　　C. 折线图　　　D. 堆积柱状图

6. 以下哪项不属于动态图表的制作原理（　　）。

  A. 透视表、切片器　　　　　　B. 透视表、日程表

  C. randbetween函数　　　　　　D. 控件

7. 某机关共有干部、职工350人，其中55岁以上共有70人。现拟进行机构改革，总体规模压缩为180人，并规定55岁以上的人裁减比例为70%。55岁以下的人裁减比例约是（　　）。

  A. 51%　　　　B. 43%　　　　C. 40%　　　　D. 34%

8. 一个旧书商所卖的旧书中，简装书的售价是成本的3倍，精装书的售价是成本的4倍。昨天，这个书商一共卖了120本书，每本书的成本都是1元。如果他卖这些书所得的净利润（销售收入减去成本）为300元，那么昨天他所卖出的书中有（　　）本是简装书。

  A. 40　　　　　B. 60　　　　　C. 75　　　　　D. 90

6.4.4　创新能力测评

创新能力的核心是创新，它是指以现有的思维模式提出有别于常规或常人思路的见解为导向，利用现有的知识和物质，在特定的环境中，本着理想化需要或为满足社会需求，而改进或创造新的事物（包括产品、方法、元素、路径、环境），并能获得一定有益效果的行为。

企业在整个行业中的核心竞争力就包含了创新力，而企业的创新力自然来自员工。因此，创新能力已经成为大部分企业都非常重视的一项素质能力，创新能力测评也是人力资源工作者需要重点关注的。

针对该能力的测评方式众多，比如笔试、面试、情景模拟、心理测评、人格测评和问卷等，不同的方法在细微之处有所差别，相关人员可根据实际情况选取。

这里介绍一种比较有效的方式，即创造性人格自测表（普林斯顿法）。测试包括49个回答"是"与"否"的句子，以及一个词语选择题，测试时间在10分钟左右。

实用范例　**创造性人格自测表**（节选）

1. 我不盲目的做事，也就是我总是有的放矢，用正确的步骤来解决每一个具体问题。
2. 我认为，只提出问题而不想获得答案，无疑是浪费时间。
3. 无论什么事情，要我发生兴趣，总比别人困难。
4. 我认为，合乎逻辑的、循序渐进的方法是解决问题的最好方法。
5. 有时，我在小组里发表的意见，似乎使一些人感到厌烦。
6. 我花费大量的时间来考虑别人是怎样看待我的。
7. 做自认为是正确的事情，比力求博得别人的赞同重要得多。
8. 我不尊重那些做事似乎没有把握的人。
9. 我需要的刺激和兴趣比别人多。
10. 我知道如何在考验面前保持自己的内心镇静。

11. 我能在解决难题上坚持很长一段时间。

12. 有时我对事情过于热心。

13. 在闲暇无事时，我常常想出好主意。

14. 在解决问题时，我常常单凭直觉来判断"正确""错误"。

15. 在解决问题时，我分析问题较快，而综合收集资料时很慢。

16. 有时我打破常规去做我原来并未想到要做的事。

17. 我有收集东西的癖好。

18. 幻想促进了我很多重要计划的提出。

19. 我喜欢客观而有理性的人。

20. 如果要我在本职工作之外的两种职业中选择一种，我宁愿当一个实际工作者，而不当探索者。

…………

50. 从下面描述人物性格的形容词中，挑出10个你认为最能说明你性格的词：

精神饱满的、有说服力的、实事求是的、虚心的、观察敏锐的、谨慎的、缩手缩脚的、足智多谋的、自高自大的、有主见的、有献身精神的、有独创性的、性急的、高效的、乐于助人的、坚强的、老练的、有克制力的、热情的、时髦的、自信的、不屈不挠的、有远见的、机灵的、好奇的、有组织力的、铁石心肠的、思路清晰的、脾气温顺的、可预言的、拘泥形式的、不拘礼节的、有理解力的、有朝气的、严于律己的、精干的、讲实惠的、感觉灵敏的、无畏的、严格的、一丝不苟的、谦逊的、复杂的、漫不经心的、善良的、孤独的、柔顺的、创新的、不满足的、易动感情的、泰然自若的、实干的、好交际的、渴求知识的。

读者意见反馈表

亲爱的读者：

感谢您对中国铁道出版社有限公司的支持，您的建议是我们不断改进工作的信息来源，您的需求是我们不断开拓创新的基础。为了更好地服务读者，出版更多的精品图书，希望您能在百忙之中抽出时间填写这份意见反馈表发给我们。随书纸制表格请在填好后剪下寄到：北京市西城区右安门西街8号中国铁道出版社有限公司大众出版中心 王宏 收（邮编：100054）。此外，读者也可以直接通过电子邮件把意见反馈给我们，E-mail地址是：17037112@qq.com。我们将选出意见中肯的热心读者，赠送本社的其他图书作为奖励。同时，我们将充分考虑您的意见和建议，并尽可能地给您满意的答复。谢谢！

_ _

所购书名：_____

个人资料：

姓名：_____ 性别：_____ 年龄：_____ 文化程度：_____

职业：_____ 电话：_____ E-mail：_____

通信地址：_____ 邮编：_____

_ _

您是如何得知本书的：

□书店宣传　□网络宣传　□展会促销　□出版社图书目录　□老师指定　□杂志、报纸等的介绍　□别人推荐

□其他（请指明）_____

您从何处得到本书的：

□书店　□邮购　□商场、超市等卖场　□图书销售的网站　□培训学校　□其他

影响您购买本书的因素（可多选）：

□内容实用　□价格合理　□装帧设计精美　□带多媒体教学光盘　□优惠促销　□书评广告　□出版社知名度

□作者名气　□工作、生活和学习的需要　□其他

您对本书封面设计的满意程度：

□很满意　□比较满意　□一般　□不满意　□改进建议

您对本书的总体满意程度：

从文字的角度　□很满意　□比较满意　□一般　□不满意

从技术的角度　□很满意　□比较满意　□一般　□不满意

您希望书中图的比例是多少：

□少量的图片辅以大量的文字　□图文比例相当　□大量的图片辅以少量的文字

您希望本书的定价是多少：_____

本书最令您满意的是：

1.

2.

您在使用本书时遇到哪些困难：

1.

2.

您希望本书在哪些方面进行改进：

1.

2.

您需要购买哪些方面的图书？对我社现有图书有什么好的建议？

您更喜欢阅读哪些类型和层次的书籍（可多选）？

□入门类　□精通类　□综合类　□问答类　□图解类　□查询手册类

您在学习的过程中有什么困难？

您的其他要求：